躍動する東南アジア映画

多文化・越境・連帯

[編著] 石坂健治、夏目深雪
[編集協力] 国際交流基金アジアセンター

論創社

目次

フィリピン

ベトナム

タイ

シンガポール

マレーシア

インドネシア

カンボジア、ミャンマー、ラオス

国際共同製作&東南アジア映画を知るための資料

国際共同製作の現場

世界を股にかける撮影監督・編集者・サウンドデザイナー

凡例
＊作品タイトルは劇場公開時、DVD発売時、映画祭上映時のものをその順で優先している。
＊未公開作品は作品タイトルの後ろに未と記し、日本語訳か原題、英題を記している。それらを併記しているものもある。NETFLIXでのみ鑑賞可能なものは、その旨記している。
＊作品タイトルの後の二桁の数字は製作年を示している。

カラフルな東南アジア映画の世界へ
――はじめに

幼少期から東南アジア映画や、東南アジアの人々が出てくる映画に慣れ親しんでいる人は少数派だろう。初めて見た映画の中の東南アジアの人々はアメリカ映画のベトナム戦争もののベトコンだったかもしれない。初めて見た東南アジア映画はトラン・アン・ユンあたりだろうか。「敗者は映像を持たない」という大島渚の言葉どおり、両者のベトナムの人々には雲泥の差がある。その差とトランの描くベトナム人たちの美しさに衝撃を受けた人も多いだろう。しかし、トランはベトナム系のフランス人で、彼の描くベトナム人は欧米受けを狙ったエドワード・サイード言うところの「オリエンタリズム」の好例なのだと好事家に批判された。

だがトランの映画のお洒落なベトナム風情に罪悪感を持つことはもう遅れている。ベトナムではアメリカなど海外帰国組の監督たちが、ベトナムらしさを押し出しながらも洗練された映画を撮って一時代を築き上げつつある。ブイ・タク・チュエンの『漂うがごとく』(09)のトラン・アン・ユンを継承したようなエロスや、ゴ・タイン・バン製作・出演の『サイゴン・クチュール』(17)のアオザイを着た女性たちの目を見張るべき美しさ……。そもそもマレー系六割強、華人二割強、インド系約一割のマレーシアや、華人七割強、マレー系一割強、インド系約一割のシンガポールのような多民族国家で、「その国らしい」って何だろう。優れた監督たちは既に国の枠を超えて映画を撮り、国家の枠組みを壊すようなテーマを打ち出してきたはずだ。故ヤスミン・アフマドのように。

映画をめぐる最先端のテーマが蠢いているのも東南アジアの特徴だ。長大な尺や気の遠くなるような遅さ、物語の停滞があるスロー・シネマや、今や世界的な一大イシューであるＬＧＢＴをめぐる先進性のある作品群。映画のデジタル化が進み、誰もが手持ちカメラやiPhoneで映画を撮ることができるようになった。そこに植民地として喘いできた過去の歴史や、圧政や検閲など芸術をめぐる抑圧に喘ぐ人々のパワーが爆発的に流れ込んだのか。今最も熱いフィリピンの項を見ると、「麻薬戦争を題材に社会の暗部を暴く」「映画を既成の概念から解放したい」「世界史の枠組みを問い直す」

と威勢がよい。映画の臨界点を知るには東南アジアの映画を見るべきだ。それは、かつて日本にもあった、映画と政治が結びつき濃厚な映画文化が花開いた蜜月の日々を思い出させる。

巻頭の「注目の巨匠監督、東南アジアの特選映画」はカンヌやベルリン、ヴェネチアなど国際映画祭を席巻しているアート系の監督や映画を中心に集めている。頁をめくれば、東南アジアのアート系監督のレンジの広さに驚くだろう。パフォーマンスと映像を合体させた作品、政治風刺が込められたオムニバス、行き場のない若者の姿を描いた作品。「伝統」と「政治」と「若者」がキーワードだ。その三つがせめぎ合うところに東南アジア映画の面白さがあるからだろう。伝統と若い世代の葛藤が、政治の抑圧が、舞台作品や映画にダイナミズムを与えているとも言える。

国別の項では、各国の映画史をさらいながら、重要作家の作家論と、最新事情を拾ったコラムで構成した。アート系だけでなく、アクションやホラーなど、ジャンル映画に出ている越境的な動きも拾っている。

それぞれの国に歴史があり、宗教があり、独自の言語と風習がある。それらを知っていた方が楽しめることは確かだ。だが今まで東南アジアの映画に親しんでこなかった人も、エスニック料理を「美味しそう」だと食べるように、まずは観てみよう。最初は辛いかもしれない、酸っぱいかもしれない。それでも後からジワジワと、今まで味わったことのない感情を味わうことになり、癖になること請け合いだ。楽しみ方や名前はこの本を片手にだんだんと覚えていけばいい。

さあ、踏み出そう。東南アジア映画の海へ。島へ。森へ。この本のキーワードでもある、「多文化・越境・連帯」は、アジアの島国の一国である日本の我々にとっても、きっとこれからの時代を生きる指針となるはずだ。

編集代表　夏目深雪

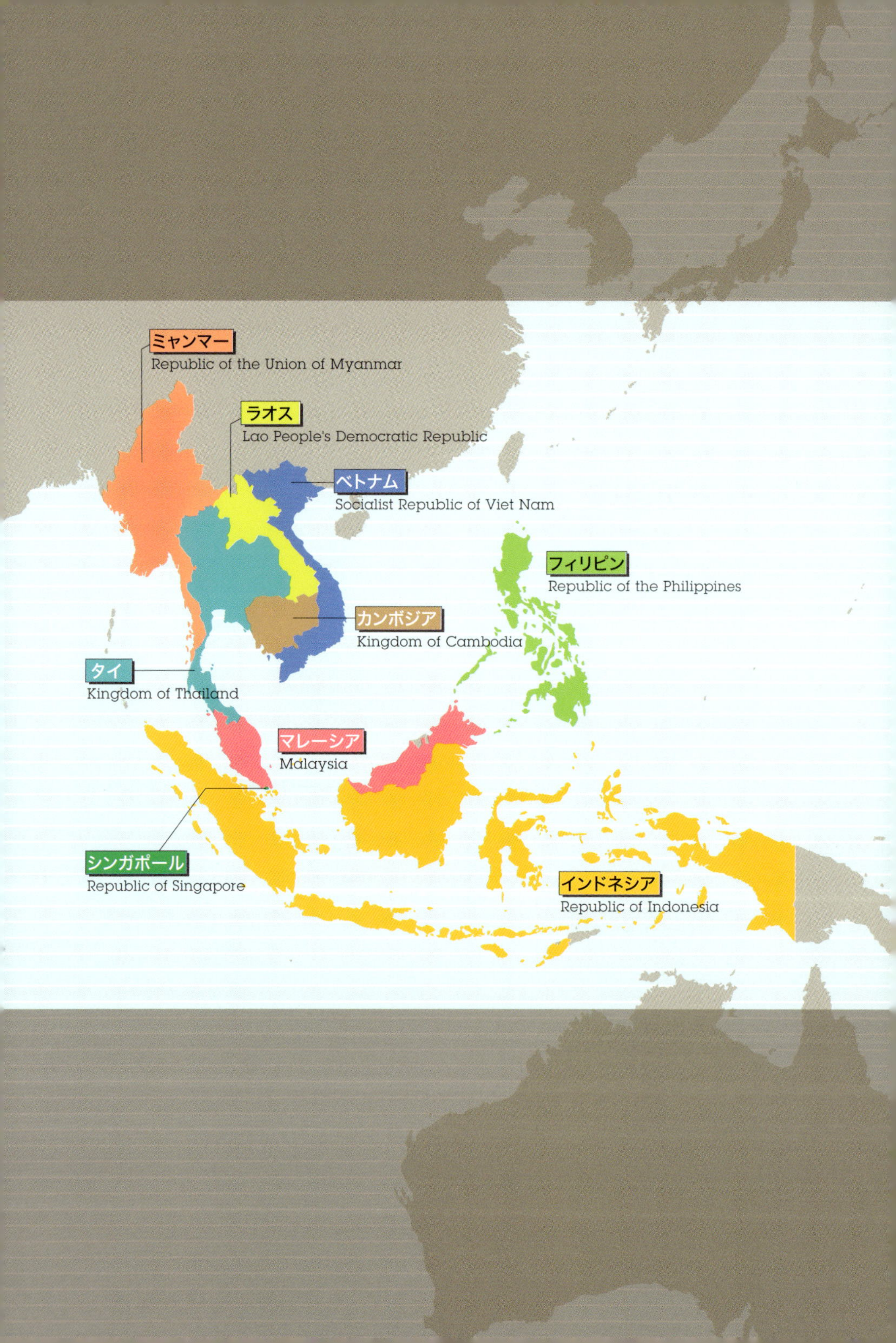
ミャンマー
Republic of the Union of Myanmar
ラオス
Lao People's Democratic Republic
ベトナム
Socialist Republic of Viet Nam
フィリピン
Republic of the Philippines
カンボジア
Kingdom of Cambodia
タイ
Kingdom of Thailand
マレーシア
Malaysia
シンガポール
Republic of Singapore
インドネシア
Republic of Indonesia

注目の巨匠監督、
東南アジアの特選映画

ASIA IN RESONANCE
響きあうアジア
2019

「響きあうアジア2019」での映画関連作品、
特に「東南アジア映画の巨匠たち」での上映作品や作家を解説。

「響きあうアジア2019」は、2019年に東京をはじめ東南アジア各都市で実施された日本と東南アジアの文化交流事業を幅広く紹介する祭典。国際交流基金アジアセンターが主催。国内では、6月～7月に映画・映像関連事業として『フィーバー・ルーム』、「『サタンジャワ』サイレント映画+立体音響コンサート」や、東南アジア映画の特集上映「東南アジア映画の巨匠たち」が開催された。「東南アジア映画の巨匠たち」(共催:公益財団法人ユニジャパン)では、世界的に活躍する監督たちの作品が上映され、本書ではその上映作品を全て取り扱っている。

アピチャッポン・ウィーラセタクンによる上映＝パフォーマンス

作品解説

カンヌ国際映画祭パルムドールほか数々の受賞歴を持つ映画作家／美術家が初めて取り組んだ舞台作品。記憶とイメージのうつろいやすさに関する省察へと観客を誘う上映＝パフォーマンス。直近の長編『光りの墓』にも出演している常連俳優二人を起用し、映画と演劇の枠組みを超えた、夢の中へと亡命するかのような新しい劇場体験を提供する。

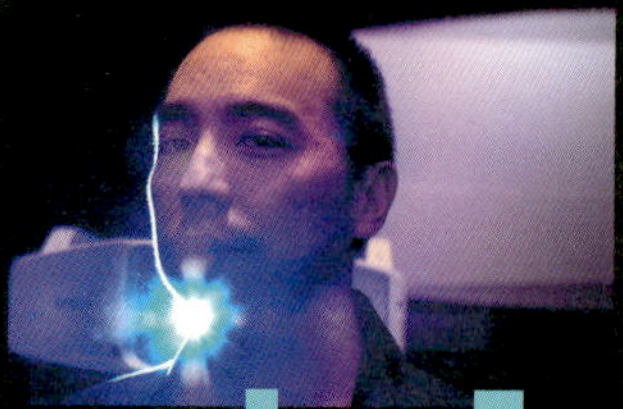

アピチャッポン・ウィーラセタクン
Apichatpong Weerasethakul

アーティスト／映画作家。「記憶」を扱う彼の作品は、個人レベルのポリティクスと社会問題を繊細に反映している。タイの映画産業には属さず、タイ内外で実験的でハイブリッドな物語映画を活発に制作。アート・プロジェクトと劇場映画で広く評価を高め、数々のフェスティバルで受賞。カンヌ国際映画祭パルムドールの他、最近ではオランダのプリンス・クラウス・アワードや英国のアルテス・ムンディ賞を受賞している。

Apichatpong Weerasethakul

FEVER ROOM

アピチャッポン・ウィーラセタクン

『フィーバー・ルーム』

[DATA]
『フィーバー・ルーム』
英題／原題:Fever Room

初演:2015年9月／90分／タイ語
ディレクター:アピチャッポン・ウィーラセタクン
出演:ジェンジラー・ポンパット・ワイドナー、バンロップ・ロームノーイ、ナブア村のティーンエイジャーたち
プロダクションマネージャー:ソムポット・チットゲイソン／投影、ビジュアルデザイナー:ルアンリット・サンティスック／照明:ポーンパン・アーラヤウィーラシット／音響:アックリットチャルーム・カンヤラーナミット、清水宏一／ビジュアル助手:ピティ・ブンソム／照明助手:ウォーラトン・ピーラポンパン／撮影監督:チャットチャイ・スパン／撮影助手:タナヨット・ループカジョーン／音声編集:チャルームラット・カウィワッタナー／経理:パーリチャート・プーアーリー／ポストプロダクションプロデューサー:シリパン・セーンジャン／シニアカラリスト:パーサコーン・ヤイシリ／デジタルカラリスト:チャイタワット・トライサーンシー／デジタルコンフォーム:ナッタチャー・カジョーンキアットサクン／ポスト・スーパーバイザー:リー・チャータメーティクン
Production: Kick the Machine Films
A Comission by Asia Culture Center - ACC Theater (Gwangju)
Premiere September 2015, Asia Culture Center - ACC Theater (Gwangju)

Courtesy of Kick the Machine Films

批評 『フィーバー・ルーム』

原初の「シネマ＝映画」と出会う上映／上演

佐々木敦

『フィーバー・ルーム』（15）は、タイの映画作家／アーティスト、アピチャッポン・ウィーラセタクンによる、今のところ唯一のシアター・ピースである。しかし、それは普通イメージされるような「舞台作品」とは、多くの意味で非常に異なっている。アピチャッポン自身も、これは「映画」であって「シアター」ではない、などと発言している。とはいえ、この作品が「映画館」でも「美術館／ギャラリー」でもなく「劇場」で体験するものとして創られていることは確かであり、それが有意義な挑戦であったことをアーティスト本人も認めている。結果として『フィーバー・ルーム』は、アピチャッポンの作品世界においても特異な位置を占める、極めてユニークな「舞台＝映画作品」となった。

この作品は、二〇一五年に、韓国・光州のアジアン・アーツ・シアターで世界初演された。ここにはある事情があった。これに先立ち、長編映画『光りの墓』（15）の制作準備中だったアピチャッポンは、アジアン・アーツ・シアターに資金提供を求めた。当時の同劇場のディレクター、キム・ソンヒが出した条件は、映画に予算を出す代わりに舞台作品をひとつ作ること。アピチャッポンはこの委嘱を受け入れ、『フィーバー・ルーム』が生まれたのである。もともとアピチャッポンにとって「演劇」はそれほど関心のある分野ではなく、知識もあまり持っていなかった。しかしおそらくそれゆえにこそ、およそ「演劇」の常識では考えられないような斬新かつ魅力的な作品が誕生した。アジアン・アーツ・シアターでの初演は好評をもって迎えられ、その後、二〇一七年二月に「TPAM—国際舞台芸術ミーティング in 横浜2017」のプログラムの一環として、神奈川芸術劇場（KAAT）で『フィーバー・ルーム』は日本初演された。筆者はこのとき初めてこの作品を観た、いや、体験した。

『フィーバー・ルーム』が「演劇」というよりも「映画」であり、にもかかわらず「舞台作品」

Apichatpong Weerasethakul

FEVER ROOM

ではある、というのはどういうことなのか、実際に「体験」した観客ならばすぐさま首肯してもらえると思うのだが、言葉で説明するのは大変むつかしい。そもそも初演時から二年以上が経過しており、筆者の記憶も曖昧である。それに作品の特殊な性質上、仮に映像記録を観れたとしても（観ていないが）、この作品の全貌を確認することは不可能だと思われる。このこと自体が『フィーバー・ルーム』という作品の本質を端的に表しているとも言えるのだが、なんとか頑張ってみよう。とはいえ、これが「映画」で（も）あるということを言うのはごく簡単である。何故なら、この作品には生身の俳優＝登場人物はひとりも出て来ず、観客はもっぱらあらかじめ用意された映像と音響を体験するのであるからだ。つまり、上映である。しかしこの「上映」は、すこぶる奇妙な、奇怪とさえ呼び得る形態を取っており、多くの意味で、同時に「上演」でもあると言っていい。観客は『フィーバー・ルーム』を「視聴」するのではなく「体験」する、と述べるほうが適切だと思われるのは、「上映」が「上演」でもあるという、この特異なあり方による。ならば、それは、どういうものか？

客席に椅子は存在しない。そしてほぼ真っ暗である。会場に入ると観客は懐中電灯を持ったスタッフに先導され、縦横に列を作って劇場空間の床に座らされる。作品がスタートすると、完全暗転となり、漆黒の闇と静寂が会場中を支配する。そして、映画が始まる。出演しているのは、アピチャッポン映画ではお馴染みのジェンジラー・ポンパットとバンロップ・ロームノーイである。二人は『光りの墓』にも出演している。いや、映画はすぐには始まらない。暗闇の中で、しばらくすると前方と側方に白いスクリーンが出現する。そしてそこに映像が映し出される。ジェンジラーとバンロップが、映像の中にいる。次いで、前方のスクリーンの上部に、もうひとつのスクリーンが現れる。つまり上下二段スクリーンである。側方にも

『フィーバー・ルーム』

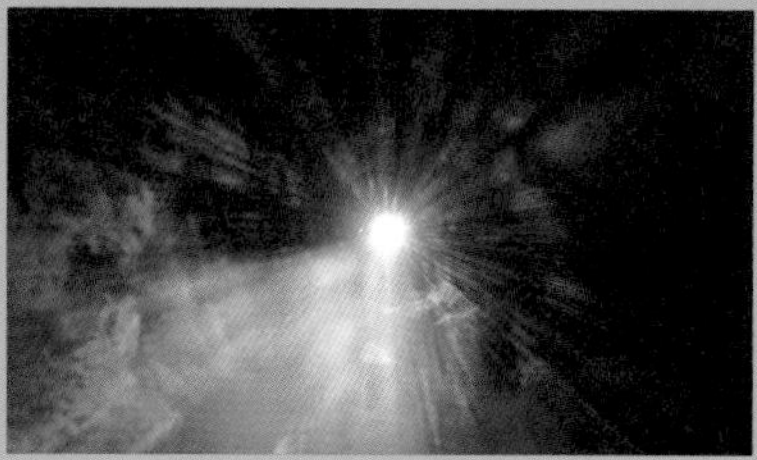

Courtesy of Kick the Machine Films

やや小さなスクリーンがあるので、マルチ・プロジェクションということになる。映画内の物語(らしきもの)は淡々と進行していく。それは病いと睡(ねむ)りをめぐるエピソードであるようだ。舞台は、アピチャッポンにとって特権的な場所であるタイのナブア村である。ここまでは、複数の画面があるとはいえ、まださほど奇妙でも奇怪でもない。しかしこのあと、観客は驚愕させられることになる。映像が途切れると、突然、前のスクリーン二段が高方に上がっていき、その後ろが見えるようになると、その奥から、こちらに向かって光が投射される。筆者は最初、ある種のレーザー光線かと思ったのだが、アピチャッポンによると、強力な映写機＝プロジェクターから発されていたとのことである。その光は、ただ「光」としか呼びようがないものなのだが、圧倒的な光量と光圧（などという言葉はないが）を誇っており、僅かに角度を変えたり、幾筋かのレイヤーになったり、また一本に収斂したりする。観客は、ただ呆然と、陶然としながら、それを凝視(みつめ)るばかりである。光線のプロジェクションが終わると、ふたたび「映画」が始まり、やがて『フィーバー・ルーム』は幕を閉じる。

　作品の核心部分にあるのは、もちろん「光」である。強烈な存在感と、美しさと、崇高さと、おそろしさに満ちた、あの光線の輝き。じつは筆者もそうだったが、少なからぬ観客が、スタンリー・キューブリック監督の『２００１年宇宙の旅』（68）のラストシーンを想起したようである。或いは他の、より新しいＳＦ映画を思い出した者もいたかもしれない。だがしかし、アピチャッポンはそうした過去の映画に倣ったわけでも、それらにオマージュを捧げたわけでもない。そもそも、あの時あの場で起こっていたことは、そうした映像効果とはまったく違う。映画とは通常、映写機から光＝イメージがスクリーンに投射され、それを観客が視るものである。しかし『フィーバー・ルーム』の場合、光はプロジェクターから直接、観客の

Apichatpong
Weerasethakul

FEVER ROOM

『フィーバー・ルーム』

瞳に向かって投射されていたのだ。ならばそれは、一種のアトラクション、光のスペクタクルであったというべきなのだろうか。それも違う。この作品を「体験」しながら、筆者が思い出していたのは、二〇〇九年にアピチャッポンが発表した短編映画『ナブアの亡霊』だった。二本の作品には関係がある。『ナブアの亡霊』では、夜の空き地に無造作に設えられたスクリーンに映像が映し出されており、その前で少年たちが火の付いたボールでサッカーをしている。やがて焔はスクリーンに燃え移り、白幕は焼け落ちてしまう。するとその向こうに映写機の光源が見える。映写機はこちらに向けて光を発し続けている……。『フィーバー・ルーム』との類似は明らかだろう。いわば『フィーバー・ルーム』は『ナブアの亡霊』の実体験ヴァージョンなのである。そしてこのことを踏まえれば、アピチャッポンが『フィーバー・ルーム』を敢えて「映画」と呼んだことも頷ける。そう、それは単なる「動く絵」ということではなく、シネマの原理を露わにしようとする試みだったのだ。

シネマの原理、それは光、リュミエールである。アピチャッポンには、映画館で目の前のスクリーンに映し出されるイメージを見ながら、ふと後ろを振り返って、映写機の光源からやってくる光を直接見てしまった経験があるに違いない。それは、映画が、シネマが、その本質が何であるのかを晒け出す。『フィーバー・ルーム』が観客に惹き起こすのは、いうなれば原初的な「シネマ＝映画」との遭遇なのである。だから、それは「映画」と呼ばれる。だがそれと同時に、そのような「上映」が、ひとつの「上演」として提示されていることも、また事実である。だから、それは「舞台」でもあるのだ。この作品は、二〇一九年六月から七月にかけて東京芸術劇場で再演される。ふたたびあの奇妙で奇怪な「上映＝上演」、映写それ自体を視るという異様な「体験」を出来るかと思うと、静かなる興奮を禁じ得ない。

神秘世界に漂うジャワ島
立体音響のなかに
浮かび上がるサタン

あらすじ

二〇世紀初頭、植民地時代のジャワ。貧しい青年スティオは貴族の娘アシーに想いを寄せている。スティオは結婚の許しを得るためにアシーの家を訪れるが、拒絶されて酷い仕打ちを受ける。失意の底に沈みながらも諦め切れないスティオは悪魔に助けを求める。悪魔と契約を交わして金持ちになったスティオは望みどおりアシーと結ばれ、多くの使用人を従えて裕福な生活を謳歌する。しかしスティオは契約の代償で瀕死となり、アシーは彼を助けようとするが、アシーに横恋慕した悪魔は彼女を誘惑する……。

ガリン・ヌグロホ
Garin Nugroho

1961年、インドネシア、ジョグジャカルタ生まれ。90年代インドネシア映画新世代のパイオニアとして登場。監督作はカンヌ、ヴェネチア、ベルリンをはじめとする数多くの映画祭で上映され、多数の映画賞に輝いた。演劇や美術インスタレーションも手がけるほか、2005年にはジョグジャNETPACアジア映画祭を創設した。

Garin Nugroho

photo ©Erik Wirasakti

SETAN JAWA

ガリン・ヌグロホ
『サタンジャワ』

作品解説

『サタンジャワ』は、一九九〇年代以降のインドネシア映画を牽引してきたガリン・ヌグロホによる、サイレント映画とライブミュージックを組み合わせたジャンルを横断する作品である。二〇一七年のオーストラリア公演より世界各地を周り日本初演。身分違いの恋愛を成就させるために悪魔と契約を結ぶ男の物語が語られるが、サイレント映像とステージ上の歌・演奏・音響・パフォーマンスのすべてが組み合わされる。日本公演の音響デザインを担当した森永泰弘は、ヌグロホの長女であるカミラ・アンディニ監督の『見えるもの、見えざるもの』(17)の音響も担当している。

photo ©Erik Wirasakti

[DATA]
『サタンジャワ』
原題:SETAN JAWA
2016年/モノクロ/70分/サイレント
監督:ガリン・ヌグロホ/撮影監督:テオ・ガイヒャン/振付師:ダナン・パムンカス、アンゴノ・クスモ・ウィダクド
出演:アシー:アスマラ・アビガイル/スティオ:ヘル・プルワント/アシーの母:ドロテア・クイン/サタン:ルルク・アリ・プラセティオ

批評『サタンジャワ』

『サタンジャワ』とジャワ伝統文化

福岡まどか

『サタンジャワ』とジャワ伝統演劇ワヤン

ガリン・ヌグロホ監督による『サタンジャワ』は「拡張映画(expanded cinema)」と呼ばれるジャンルの一つである。この作品はサイレント映像から成り、ライヴの音楽演奏とともに上映／上演されることで完成する。以下に『サタンジャワ』の映像について監督の出身地であるインドネシア・中部ジャワの伝統文化との関わりを考えてみたい。中部ジャワには伝統音楽ガムラン(gamelan)をはじめ、多くの舞踊や演劇を含む伝統芸術がある。『サタンジャワ』と関わりが深いのは影絵芝居ワヤン・クリット(wayang kulit)であると監督自身が言及している。一九二〇年代を舞台としてモノクロの世界を表現する『サタンジャワ』の映像は、水牛の皮を彫刻・彩色し綿布などのスクリーンに投影して演じる影絵芝居のモノクロ画像と共通する。プロローグと七つの章を一章ずつ展開する定型的な場面構成や、道化役者（顔を白塗りした従者や侍女役）の登場などの面でも影絵芝居の上演形態と似ている。また影絵芝居では、ダラン(dalang)と呼ばれる語り手がナレーションやセリフや朗誦を担当し楽団へ音楽の指示を出して上演を統率する。スクリーンに映し出された影絵の画像は、声を含むライヴの「音」と融合して初めて上演が完成する。伝統芸術である影絵芝居の上演形態を現代アートの一ジャンルである拡張映画のライヴ・パフォーマンスに応用した点に、ガリン・ヌグロホ監督のジャワ伝統文化に根ざした斬新な着想を見ることができる。

『サタンジャワ』の物語とジャワの神秘主義、呪術的信仰

影絵芝居では古代インドの叙事詩あるいは地域独自の伝説などに基づく物語のレパートリーが見られるが、『サタンジャワ』では呪術とそれを司る魔物の物語が提示される。

Garin Nugroho

SETAN JAWA

ジャワには多様な神秘主義の伝統があり、公的とされる宗教とともにこれらの神秘主義的思想は人々の生活の中に深く入り込んでいる。断食や瞑想を行い神や祖霊や精霊に近づき、時にはそれらと一体化するという実践も見られる。瞑想の場として人気のない森や川、特別な力を持っていたとされる聖者や祖先の墓所などが選ばれる。聖者や祖先の力は墓所だけでなく生前の所有物にも宿るとされており、剣などのモノに対しても特別な信仰が見られる。神秘主義の実践は「内面」を意味するbatin に由来するクバティナン(kebatinan)あるいはジャワに由来するクジャウェン(kejawen)という名称で総称される。ジャワの叙事詩世界もまた神秘主義的な信仰に彩られている。登場人物たちが瞑想によって不思議な力を得て、神々から特別な力を持つ武器を授かるエピソードも多い。物語だけでなく、伝統芸術に携わる芸能者たちも多くが神秘主義的な力の体現者とされており、断食や瞑想などを定期的に行い技術のみではない芸能者としてのカリスマ的な力を身につける。

こうした神秘主義の実践と明確な線引きをするのは難しいが、一方で呪術的信仰の世界も見られる。ドゥクン(dukun)と呼ばれる呪医・呪術師への依頼や相談が多く見られ、占い、病気治療、失せ物探しなどをはじめ、想い人の心を操り、他人に呪いをかけるといった黒魔術に至るまで、呪術的信仰について多くの言説が存在する。『サタンジャワ』で描かれる呪術はプスギハン(pesugihan)と呼ばれ、ジャワ語で「裕福」を意味するsugihに由来する。人類学者クリフォード・ギアツが著した記念碑的書物*The Religion of Java*（ジャワの宗教）には呪術や妖術の実践に関する記述がある。そこでは霊的存在と取引をしてトゥユル(Tujul)と呼ばれる霊を引き寄せその憑依を得て急激に裕福になった人々の事例や、呪術師の力を借りて動物に姿を変え他人の家の金銭の流れを取り込もうとする術などが記されている（Geertz 1960:

photo ©Erik Wirasakti

photo ©Erik Wirasakti

pp.21-22, 109)。その他の論文によるとプスギハンにはさまざまな種類があり、一般的には供物を捧げて裕福になれるように祈るという実践が多い。供物、香、花、食べ物、バナナなどを供えて墓地の守護霊に祈る実践も挙げられている(Mujab 2018)。富を依頼する交渉相手は、精霊や墓地の守護霊などをはじめとする霊的存在が多い。『サタンジャワ』で使われる呪術はpesugihan kandang bubrah と呼ばれており、「(壊れていく)ボロ小屋(と引き換え)の富」という意味になる。映画の中では、裕福になるために魔物と取引をした青年スティオは貴族の女性を妻として迎え入れる。だが呪術によってできた立派な家は常に壊れ続け、スティオはそれを修繕しながら生きなければならず、最後にはその家の柱になる宿命を背負う、という設定である。ちなみにジャワのガムラン音楽のレパートリーには、Kandang Bubrah という楽曲がある。この楽曲と呪術との関連について現時点で明らかでないが、ガムランの曲には「黄金の雨」や「狂った水牛」など特定の描写を表すタイトルの楽曲があるので、この曲もそうした楽曲の一つであると考えられる。

　ガリン・ヌグロホ監督はインタビューの中で、デジタル時代だからこそのモノクロ、サイレント映画の重要性とともに、技術の進んだ便利な時代だからこその神秘的存在の重要性を指摘する。我々の現代の生活はすべてを人間がコントロールできるかのような前提の上に成り立つが、実際には原因不明の病や自然の猛威をはじめ理解不可能な現象や人間のコントロールを超えた力と向き合わねばならない。『サタンジャワ』の物語は独特な呪術世界を描いており、これは不思議で超自然で理解不可能なものに向き合って生きてきたジャワの人々の信仰の一端を示している。

Garin Nugroho

SETAN JAWA

参考文献

Geertz, Clifford 1960 *The Religion of Java*. The University of Chicago Press.

Mujab, Saiful 2018 Javanese Abangan World View and Practices in Imogiri Cemetery Yogyakarta. *ASKETIK Journal.iainkediri*: pp.1-25.

青山亨　2010　「映画『オペラ・ジャワ』に見るラーマーヤナの変容」『総合文化研究』13: 37-60頁。

インタビュー「ガリン・ヌグロホ―挑戦するシネアスト、飽くなきインスピレーションに導かれて」 http://jfac.jp/culture/features/f-ah-tiff2018-garin-nugroho/

『オペラジャワ』と『サタンジャワ』

ガリン・ヌグロホ監督が二〇〇六年に発表した作品『オペラジャワ』は同じくジャワの伝統芸術を土台とするが『サタンジャワ』とは内容や表現方法の面で異なる点もある。『オペラジャワ』は古代インドの叙事詩ラーマーヤナを題材として、それを映画の登場人物たちの人間関係に置き換え、ヒロインの視点を中心にして物語が描かれた。上演は俳優が舞踊を含む演技によって展開する形態で、歌やセリフも含まれる。この形態はランゲンドリアン(langendriyan)と呼ばれるジャワの舞踊劇を踏襲する。この作品は舞踊、演劇、音楽、歌、ファッション、オブジェなどを用いたインスタレーション、を総合した芸術形態として位置づけられる(青山二〇一〇)。『サタンジャワ』は呪術がテーマで、映像はモノクロ、サイレントであり、時代設定も一九二〇年代頃とされる。多くの面でより神秘主義的な性格が際立つ作品である。

『サタンジャワ』には『オペラジャワ』と同様に舞踊、演劇、ファッション、オブジェを含む舞台セッティングの要素を見ることができる。特に魔物を表す仮面をはじめ、多くの仮面が使われる点も印象的深い。一方で音楽や歌に関しては、多様な音の世界と融合する可能性が残されているのが最大の特徴である。これまでの音楽家ラハユ・スパンガを中心に構成されたガムラン演奏、オーケストラ、歌などから成る音楽は、オーストラリア、ドイツ、シンガポールなどでの公演で用いられた。拡張映画『サタンジャワ』は、音や声との融合によって新たな表現世界を創り出す可能性を常に秘めている。二〇一九年七月の東京での上映/上演も含めて、どのような音の世界が実現され、その音と『サタンジャワ』の映像世界がいかに融合するのか、という点に人々の関心と期待が寄せられる。

東南アジア映画の巨匠・次世代の巨匠たち

世界に衝撃を与え続ける注目の「巨匠」とその「次世代巨匠」
アジアの監督たちによるオムニバス作品「アジア三面鏡」を一挙紹介

東南アジアの巨匠 5人

アピチャッポン・ウィーラセタクン

作品解説

香港映画『十年 TEN YEARS』(15)を嚆矢として始まった「十年」国際プロジェクトは、十年後の自国の諸相を複数の監督たちが切り取って問題提起するというコンセプトのオムニバス映画で、アピチャッポン・ウィーラセタクンをはじめ四人の監督がエピソードを連ねるタイ編『十年 Ten Years Thailand』、是枝裕和が総合監修をつとめる日本編『十年 Ten Years Japan』、それに現在のところ日本未公開の台湾編『十年 台湾 Ten Years Taiwan』がいずれも二〇一八年に製作国で公開された。なかでもアート系の四監督が集ったタイ編には、現在の軍政に対する作家たちの抵抗精神が時にストレートに、時に比喩的な手法で提示されている。

あらすじ

第一話「Sunset」:表現の自由が制限された社会。ある展覧会の会場に検閲が入るが、その傍らで男女の淡い恋も芽生えている。/**第二話**「Catopia」:猫人間に支配された社会。その中に紛れ込んだ人間が様々な事件に遭遇する。/**第三話**「Planetarium」:女性の独裁者に支配された社会が極彩色のグラフィック・アート調で表現される。/**第四話**「Song of the City」:鼓笛隊が奏でる行進曲が聞こえている。中央に銅像の建つ工事中の公園。休息し語り合う人、通り過ぎていく人。

Apichatpong Weerasethakul
Ten Years Thailand

『十年 Ten Years Thailand』

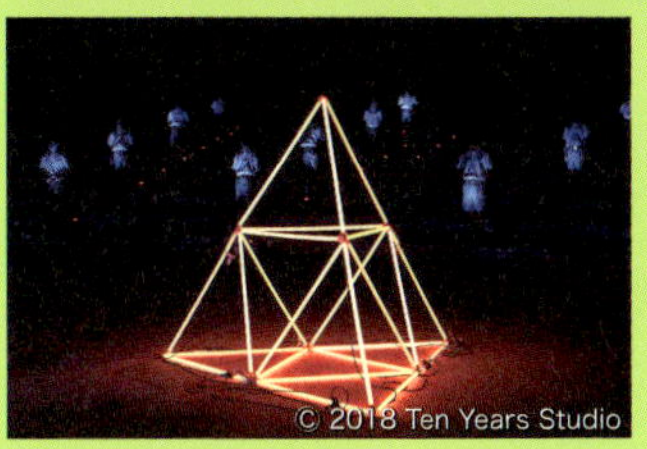

[DATA]
『十年 Ten Years Thailand』
英題／原題:Ten Years Thailand
タイ・香港・日本／2017年／カラー、モノクロ／93分／タイ語
監督、プロデューサー:アーティット・アッサラット／監督:ウィシット・サーサナティヤン、チュラヤーンノン・シリポン、アピチャッポン・ウィーラセタクン／エグゼクティブ・プロデューサー:アンドリュー・チョイ、ン・ガーリョン、ティーラワット・ルジャナタム
出演:ブンヤリット・ウィアンノン／キダカーン・チャットゲーオマニー／タナサワン・テープサトーン
カンヌ映画祭 特別上映部門(2018年)

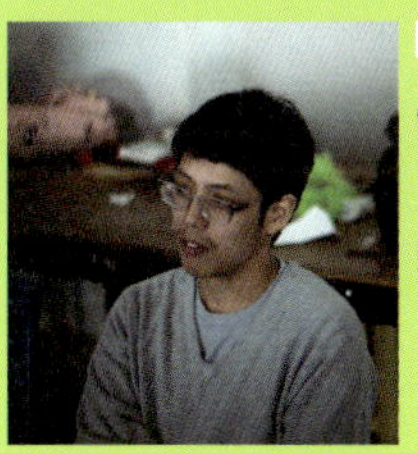

第3話
チュラヤーンノン・シリポン
Chulayarnnon Siriphol
1986年、バンコク生まれ。ビジュアル・アーティスト。短編映画『VHS〜失われゆく水平線』(14)など。

第1話
アーティット・アッサラット
Aditya Assarat
1972年、バンコク生まれ。米国留学を経て、『ワンダフル・タウン』(07)、『ハイソ』(10)を発表。

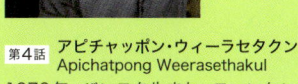

第4話 **アピチャッポン・ウィーラセタクン**
Apichatpong Weerasethakul
1970年、バンコク生まれ。コーンケン大学とシカゴ美術館附属美術大学で学んだのち、チェンマイを拠点に映画・美術・写真などの創作活動を展開。映画監督としては『真昼の不思議な物体』(00)で長編デビュー。『ブリスフリー・ユアーズ』(02)、『トロピカル・マラディ』(04)がいずれもカンヌ映画祭で受賞したのち、『ブンミおじさんの森』(10)でタイ映画初のカンヌ映画祭最高賞(パルムドール)を受賞。他に『光りの墓』(15)など。

第2話
ウィシット・サーサナティヤン
Wisit Sasanatieng
1963年、バンコク生まれ。『ナンナーク』(99)の脚本を担当。『快盗ブラック・タイガー』(00)で監督デビュー。他に『シチズン・ドッグ』(04)など。

批評『十年 Ten Years Thailand』

兵士、SF、宗教——タイの抽象と具象のあいだで

藤本徹

十年後のタイ社会を、この映画はオムニバス形式で空想する。雨傘運動翌年の香港映画『十年 TEN YEARS』(15)に端を発した、〈十年後の社会を描くオムニバス〉という形式はアジアの映画関係者から広く注目を浴び、日本版(是枝裕和総合監修)や台湾版もすでに公開されている。これらとの比較も興味深いが、ここではタイ版である本作を中心にみていこう。

二〇一八年暮れのある朝、バンコクの自宅でパソコンを開いた筆者は、タイ大手シネコンのホームページ上で『十年 Ten Years Thailand』全国上映の予告を目にして不思議な感動にとらわれていた。本作はまず同年五月にカンヌ映画祭、十月に東京国際映画祭で上映された。東京上映時に来日した本作プロデューサーからは「タイ国内での上映予定はあるが、マスコミを含め動向を注視している状況」との報告もあった。このためバンコクの独立系ミニシアターでの限定公開ならばともかく、これほど早期に全国区の一般上映が実現するとは想像していなかった。確認できた範囲のみを数えても、上映館は国内のシネコン大手二社の系列館を中心に最大時、北部チェンマイや東北部コーンケンを含む全国一三劇場に及んでいた。

タイでは表現規制の壁は従来厚く、近年アピチャッポン作品の多くも上映されずにいた事実を思えば、この変化に感慨を覚えずにはいられない。本作には実際、過去に規制を受けたアピチャッポン作品『世紀の光』(06)、『国歌(anthem)』(06)等のいずれよりも現体制への批判、それも軍事政権のみならず王族や仏教組織への明示的な批判が込められている。その内容について以下、全四エピソードを各話ごと概観する。

第一話「Sunset」は、軍人の検閲を受ける展覧会場が舞台となる。この設定が今日の軍政を連想させる一方、モノクロームで描かれる物語は新人兵士と女性清掃係との淡い恋愛模様に終始する。一九七二年生まれのアーティット・アッサラット監督は、デビュー長編『ワン

Apichatpong Weerasethakul
Ten Years Thailand

ダフル・タウン』（07）や津波襲来後のタイ南部を舞台とする『ハイソ』（10）などでも、フレームにより切り取る数人の関係性を丹念に映すことで、登場人物の置かれた社会環境の特性や時代と地域の制約を炙りだすようなストーリーテリングを、一貫して磨いてきた。

第二話「Catopia」は、猫人間が支配する社会に隠れて暮らす人間が主人公だ。映像はCGを多用したSF空間へと一転する。監督ウィシット・サーサナティヤンは一九六三年生まれで作品歴も厚く、『快盗ブラック・タイガー』（00）や『シチズン・ドッグ』（04）などで知られた奇抜な作風を、ここでも遺憾なく発揮する。猫人間を「自分とは異なる何者か」と読み換えれば、本作で囁かれる脅威は昨今のタイで通奏低音のように響くそれと理解できる。経済格差が政治対立を強化し、北と南、都市と農村の対立は熾烈化して不可逆の分断が進む今日のタイにあっては、自分の側ではない何者かに日々侵食される感覚を誰もが味わっている。終盤で主人公は決定的な〝騙し〟に遭うが、それはポケットのスマホにまで忍び込む当局の監視を嫌でも連想させられる。

第三話「Planetarium」は、女性独裁者が支配する近未来を描く。低予算の実写SFといった態で始まる映像は突如フルCGの宇宙空間へと移行、ポリゴンで描かれた僧侶が無限に連なって飛行し、その身体が分離融合するなどの悪夢展開へ突入する。監督は一九八六年生まれの映像作家チュラヤーンノン・シリポンで、二〇〇〇年代半ばから実験映画により国際映画祭で注目されており、美術分野でキャリアを重ね、美術監督としてアピチャッポン監督の映画にも携わってきた。少年僧が円陣を組んで瞑想し、各自装着するヘッドセットから伸びるコードが頭上で収束する光景に、日本人であれば多くがオウム真理教を想起するだろう。ピラミッド型ネオンや円形機械なども登場する画作りから、タイ人であれば同様に誰もが新興

の仏教教団タンマガーイ寺院を連想する。この仏教組織はタイの政財界に深く喰い込み、高位の僧侶により王族をも感化させ、開発支援を伴う布教で辺境の山岳民族を抱き込み、独自の理念による催事開催などで数百万人を動員して周囲のタイ社会や既存の仏教界との間に度々緊張関係を生んでいる。また女性独裁者は化粧や衣装の特徴から先代のタイ王妃や、周知の事実として現国王より信望が厚い国王実姉を明らかなモデルとする。

第四話「Song of the City」は、アピチャッポン・ウィーラセタクン監督作。その知名度からこの四話目に期待をかける観客も多いだろう。しかし期待を脱臼させるかのように、アピチャッポンが映し出すのは十年後ですらない〃今ここ〃の風景だ。映像は真昼の街なか、公園の広場に置かれた真新しくもありふれた銅像を映しつづけるが、銅像をめぐる説明的な手がかりは一切示されない(※補注)。軍の統制が強化された十年後の画廊から猫社会、無限宇宙の果てへと旅してきた観客心理はここで一挙に引き戻される。滝落ちのようなこの落差にまず眩暈したあと、これは何かと観客は考え始める。真昼の公園は造成中で、人々は散策したり、そよ風に吹かれうたた寝したりと思い思いに過ごしている。何も起こらない。何かが起こりつづけているが目には見えない。見えているが気づけない。そのようにして無意識のうち日常へと滑り込むこの銅像こそが、十年後の社会を〃今ここ〃で方向づけている。全四作の締めとして、そのような潜勢力の幽かな顕れが、微温的で不気味な余韻をあとに残す。

二〇一三年春より筆者はバンコクに居を構えている。一九年五月現在のタイ軍政は、一四年五月のクーデターにより誕生した。それまで反政府デモ隊が数ヶ月占拠しつづけた都心の交差点や、相次いだ爆弾テロ現場のほとんどは私的生活の範囲内にあり、またクーデター勃発や在位七〇年に渡る先王プミポン崩御により社会の空気が一夜にして豹変する様を直に体

Apichatpong Weerasethakul
Ten Years Thailand

※本作プロデューサーのカッタリーヤー・パオシーチャルーンを通じ、アピチャッポンは東京国際映画祭の観客に向け「過去から現在、未来へのつながりを私は銅像で表したい」とのメッセージを残している。第31回東京国際映画祭HP[イベントレポート]: https://2018.tiff-jp.net/news/ja/?p=50982
なお映像中の銅像はサリット・タナラット元首相像である。アピチャッポンは過去にも出身地コーンケンに立つサリット像の影を作品に使用するなど、1959年にクーデターを起こし63年まで独裁制を敷いたこの軍人にしばしば言及してきた。本作におけるサリット像採用が現軍政と無縁でないことは明らかである一方、個別特定的にサリットであることを観客に伝える意図は薄いとみるため本文では触れない流れとした。また近年のインスタレーション作品《Fireworks (Achieves)》(14) にも顕著なように、アピチャッポンの創作において明瞭な輪郭をもつ彫像は、無形的な幽霊と対称関係をとるギミックとして重要である。

験した。映画や文学等の表現に、これらが強い影響を与える様も目撃した。

軍政による抑圧は、陰に陽に人心を締めつけその萎縮に成功した。街頭に立ちジョージ・オーウェルの『一九八四年』を黙って開くといったプロテストはクーデターの直後こそ見られたが、FacebookやLINEなどネットの私用レベルにまで検閲の手が伸びだした翌一五年には、すっかり過去のものとなった。風向きが変わったように感じられたのは、先王の喪が明けた一七年暮れ以降のことだ。実のところ民衆から軍政への支持は弱くなかったが、ほぼ全てのタイ国民にとって未体験である先王不在時代への不安とそれは一体だった。喪が明けていよいよその支持が揺らぎ始めたのと、例えば街角のポスター等で、ごく稀にしろアピチャッポンの顔や名を見かけるようになったのとはほぼ同時期だと感じられる。反体制色の明瞭な『十年 Ten Years Thailand』をして、複数の国内大手シネコンが全国公開に踏み切れたのは、この空気の変化を受けてのことだろう。

『十年』シリーズの起点となった香港版は、制作費わずか五〇万香港元(約七二〇万円)で二〇一五年末に公開されるや香港市民から熱狂的に迎えられ、翌一六年には『スター・ウォーズ』新作をしのぐ六〇〇万香港元を稼ぎだした。筆者は同年春、中国本土のキリスト教抑圧を取材すべく香港・深圳に滞在したが、香港では幾度も「十年を観たか」と問われた。一方大陸側では発禁とされ、「悪質な思想を撒くウイルスのような映画」と喧伝された。

この香港版やタイ版に比べ、日本版『十年 Ten Years Japan』(18)の噛み応えの薄さは異様に映った。どうしてそうなったのか、その因子が個別の作家に帰すとも考えがたい。答えを急ぐ必要はない。これからじっくりと考えていこう。

インタビュー
アピチャッポン・ウィーラセタクン
感覚そのものをとらえる

取材・文＝中村紀彦

タイの映像作家アピチャッポン・ウィーラセタクンの日本最大規模の個展「亡霊たち」が二〇一六年一二月、東京都写真美術館で開催された。本稿は、その際に来日した作家にインタビューしたものである。その二ヶ月後に日本でもお披露目となったアピチャッポン初の舞台作品『フィーバー・ルーム』（15）のこと、スロー・シネマのことまで話題は及び、彼の多彩な活動を的確に捉えたものとなっている。

ギャラリーと映画館、それぞれにおける作品発表

――「亡霊たち」は「これまであまり直接的に言及されてこなかった政治的、社会的側面」にフォーカスしているということですが、これまでもあなたは暗闇や影に埋もれた東北タイの歴史に光を当ててきたのではないかと思います。こうしたテーマは二〇一四年に京都で行われた個展「PHOTOPHOBIA」（京都市立芸術大学ギャラリー@KCUA）との共通項として響き合っていると感じました。

アピチャッポン・ウィーラセタクン（以下AW）　個展「PHOTOPHOBIA」のタイトルに使った「photophobia」は、「羞明（しゅうめい）、光恐怖」という意味です。肌があまりにも繊細すぎて光にふれると痛い、つまり光に対する恐怖を感じる症状なのです。現実を受け入れがたい、受け入れることのできない状況と重ね合わせています。現在の生活の快適さを享受し、実際に現実としてなにが起こってきたのかを忘れたり、無視したりする人がたくさんいると思います。教科書などで教わる歴史のプロパガンダをそのまま飲み込んでしまう。

ですから本当の現実を見ることができない、見るのが怖いわけです。《ゴースト・ティーン》（09）という写真作品に写る若者は仮面を付け、その上からサングラスをかけています。現実が「怖い」からまるで鎧のように身を守るためにこうしている。ですが、この若者は目を背けることができない、光からも、現実からも。

とりわけ過去二年間ほど、タイに住んでいるすべての人々が現在の政治的状況に影響を受けていると思います。私が焦点を当てているのは、何よりもまず日常の生活です。ですが、日々の生活にフォ

ーカスすればするほど、そこに潜む政治的状況は避けがたいものになるのです。これは自然な流れだと思います。そして「亡霊」というとらえ方の変容から、タイの政治的な歴史を変容させることはできないかと考えたのです。とくに東北タイのイサーンの政治的な歴史を変容させてみたい。

とはいえ、私はアクティビストでもないし、政治的な映像作家でもありません。東北タイでどういったことが起こったかについては多くの研究者が記述しているので、私は同じ方法を取らないだけです。私が試みているのは「感覚(feeling)」そのものをとらえることです。それは「個人的な」経験の感覚をどうにか記憶したいという気持ちがあるからなのです。とても「個人的な」試みですね。

――「プリミティブ」のような共同作品は、ギャラリーで見る機会がほとんどです。そこで聞きたいのは、映画館で上映される作品とギャラリーでの展示作品の差異はどうお考えなのか。数年前、あなたがとある研究者と対談した際、私と同様の質問を受けています。そこであなたは「むしろ、その両者の形式をいかにひとつの作品のなかで結びつけるかを常に考えています」と答えました。ですが、両方の観客の差異については明確に述べていませんでした。観客への意識や領域横断的な活動への関心は、これまでと変わらぬままなのでしょうか。

AW　おっしゃるように、関心は変わらぬままですね。活動の方針も同様です。私は何よりもまず、観客の立ち位置から作品を考えます。劇場用の映画作品とギャラリーでの展示作品では、観客の立ち位置が異なるという点を意識しますね。映画館とギャラリーでは、周りの空間に観客がどうインタラクトすればいい／悪いかのルールも異なります。つまり、自由度が違うのです。ですがひとりの観客として、そしてひとりの作家として考えると、ギャラリーでの展示作品のほうが「個人的な」作業を伴うのです。長編映画ではすべての関係者の意見を汲み取ったうえで、私が全体のアイデアを提示してまとめていきます。

ですが、ギャラリーでのヴィデオ・インスタレーション作品などは、自分自身の「内的な」対話が重要です。《炎(扇風機)》(16)や「さいたまトリエンナーレ2016」で発表したヴィデオ・インスタレーション作品《インヴィジビリティ》(16)でも、先ほど「瞑想」という言葉を用いたように、自分自身をどう「編集」するかが問題となっています。なので、映画とヴィデオ・インスタレーションはやはり異なる種類だといえます。ご存知のように、こうしたことは二〇〇〇年ごろからずっとやってきたことです。ですが、もし私が近年においてギャラリーでの展示が活発だと受け止めてくれているならば、それは「亡霊たち」展のキュレーターでもある田坂博子さんをはじめとしたスタッフの推薦のおかげです(笑)。

ところで、映画作品もヴィデオ・インスタレーション作品も、じつは同じチームで作業しています。音楽や美術デザイン、そして使用する小道具まで担当者は同じです。でも映画制作は、私がまず全体の青写真を提示し、チームの反応をうかがいます。他方でヴィデオ・インスタレーション制作になると、個々の作品のテーマは自身で絞っています。ですから彼らは「ここはアピチャッポンの遊び場みたいなものだ」と思って尊重してくれますね。あまり口出しをしないのです（笑）。映画制作のように皆で意見を言い合うことはあまりないですね。

映像の「実験」は科学的なアプローチを必要とする

――あなたはフィルムとデジタルというメディアの差異につねに注目していますよね。長編映画作品はフィルム撮影にこだわり、ギャラリーでの展示作品は一九九九年の『窓』でデジタル撮影を早くも試みています。あなたの劇場上映作品とギャラリーでの展示作品のあいだで、イメージの「肌理（きめ）」が異なっているように思えます。やはり、両者のイメージの差異を戦略的に図っているのでしょうか。

AW　おっしゃるとおり、意識的に差異をもたらしています。私はなんでも試してみたいのです。低画質なデジタルカメラを使うこと（二〇〇三年制作の『ハタナカ・マサトと撮るノキア』は世界初の携帯電話にあった動画撮影機能を使用した）と、ものすごくハイスペックなカメラを使うことではまったく違う試みが可能ですよね。そういう意味で、現在は映像作家にとってもきわめてエキサイティングな時期だと思います。つまり、フィルムとデジタルの歴史がちょうど交差するような時期ですね。サイレントからトーキーへ、白黒からカラーへという移行期に直面した先人達たちと同様に、私たちがこのデジタルを扱う「言語」を見つけていかねばならない。

　ヴァーチャルリアリティー（VR）や拡張現実（AR）がデジタルメディアで可能になったわけで、フィルムの歴史を崩しかねない状況でもあると言えます。ですがその状況に私はとても興奮しています。というのも、デジタルは自分の研究活動に集中させてくれるメディアだと思うのですね。たとえば私は映像日記として毎日いろいろなものを撮りためています。それはフィルムを扱うチームが必要ではなく、「個人的」に行えるのです。

――VRやARを支えているのは、脳科学や認知心理学などの科学的なアプローチです。これは映像制作やアート制作にも影響を与えています。長編映画作品『光りの墓』(15)では、眠り病の兵士を治癒する装置が出てきました。これも科学的なアプローチの延長線上にあるのではないか。また、終盤に登場するゾウリムシはまるでカメラが顕微鏡になって、青い空と微生物とを同時に覗き見てしまう奇妙な感覚をもたらします。こうした科学的アプローチは、あなたの今後の作品でも引き続き決定的な場面を構築するのでしょうか。

AW　どんどん科学的なアプローチに取り組んでいきたいですね。私たちが何かを認識することは生物学的にどういうことなのかを、映像制作を通じて知りたいのです。脳科学は自身にとってきわめて重要なものです。私は、もともと実験映画からのスタートでした。そこで私たちがどのように世界を認識するかを実験したくて、これまで映画を続けてきたのです。当時の実験映画では光がどのように動き、いかに映るかを考えてきました。

「『フィーバー・ルーム』は観客と周囲に広がる空間との関係性についての実験」

ですが、脳そのものや生物学まで踏み込んではいなかった。現在の実験映画は、科学を追及するのではなく、もうすでに「そうあるものだ」と認識された光の動きの実験をおこなう制度化されたものであり、本当の意味での「実験」ができていない気がします。私が「実験」という意味を考えるならば、映像が科学に寄り添う必要があると思っています。

たとえば『光りの墓』における青い空に浮かぶゾウリムシ。あの場面は、人がどのように夢を見るのかを自分なりに観察した結果なのです。「なんでもあり」という夢の状況の論理、それは現実の論理とはまったく異なるわけですね。けれども、夢での私たちは、奇天烈な論理を受け入れる認識状態になっている。その状態を映画の中で生み出せないか、その「実験」としてやってみたわけです。あの中で観客も役者も、夢のような体験をしてもらいたい。青空にゾウリムシなんてありえない、という状況を受け入れてもらえるかどうか。でも実際にはそれを受け入れてくれる観客もいます。実験ってそういうものだと思いますよ。

「あなたが見ているものは幻想でしかない」
——静止画像と時間について

——あなたの映画作品は、重要な場面でいつも静止画像が使われています。この特徴はあなたのヴィデオ・アート作品《Ashes》(二〇一二年制作)にも共通しているのではないでしょうか。例えば『トロピカル・マラディ』(04)のように、映画の中盤で物語を停止させ、新たに物語を始動させる契機にもなっています。映画作品の中で静止画像を使うことには、どのような狙いがあるのでしょうか。

AW　まさに「中断」させるものとして静止画像を使っています。つまりそれは目の前にあるマテリアルそのものに注意を向けてもらいたいからです。「あなたが見ているものは幻想でしかない」ということを観客に突きつけたいのですよ。映画作品に入り込んでしまうと、世界がそれになってしまう。でもふと観客とその周囲に広がる空間に意識を向けてほしい。目の前にあるのはフラットなスクリーンに投影されたイメージなのだと感じてもらいたいからです。同時に、映画の起源は写真であるという事実を強調したいという意図もあります。

じつはこうした意味で「実験」をおこなっているのが上映パフォーマンス作品『フィーバー・ルーム』です。観客一人ひとりとその周囲に広がる空間との関係性についての実験です。目の前に現れる映像があくまで人工的なものである、それに気付くことで空間へ意識を向けることができる。

——静止画像は観客に「映画を見ている」という意識を促し、映画の線的な時間から観客を解き放つ。こうして観客は映画の時間だけでなく、自分の持続する時間を反省的にとら

「私たちが世界をどのように見ているのかを「観察」する歴史を原点から考える」

『フィーバー・ルーム』　Courtesy of Kick the Machine Films

えます。あなたの作品はスロー・シネマの要素を含んでいるのではないか。この動向は、物語的な因果関係を重視せず、過剰な長回しやゆるやかなカメラの移動などが特徴です。あなたの作品は戦略的にゆったりとした時間感覚を作品内に持ち込んでいますか。

AW　実は自分の作品を「遅い」と思ったことがないんですよ（笑）。戦略的にゆったりとさせているわけでもないですし、自分の中の意識や活動が遅いから、私の作品も「遅い」というわけもないのです。私はせわしないですよ、サルみたいなものです（笑）。ものすごい速さでいろいろなことを考え、あらゆることを敏感に受け取ってしまう。常に私は動いているつもりなのです。ですが、見聞きし感受したことを表現するためには「時間」が必要です。

例えば音の大きさやパワーを表すためには「沈黙」が必要ですね。あるいは『トロピカル・マラディ』だと、きわめて明るい要素と暗い要素がある。つまり、明るさを知らなければ暗さを知ることはできない。自分の中で走り回っている意識を映画で示すためには、対照的に「遅さ」が生じなければならないのかもしれない。そういう意味では自分の作品が自然なリズムであって、けっして遅くはないと思っています。もし私が撮影した映像を見て「遅いな」と感じたら、それはどんどんカットするでしょうね（笑）。

ただ、現代ハリウッド映画を観たときは「速さ」を感じます。映像がもともとなんだったのかを考えてみると、リュミエール兄弟が実験していたなかで『ラ・シオタ駅の列車の到着』（1895）ができあがったわけです。列車が向かってくる様子をカメラで「観察」する。私たちが世界をどのように見ているのかを「観察」する歴史を原点から考えれば、私の思うことも自然なものかもしれません。

※本稿は美術手帖のWEBサイトに掲載されたインタビュー（https://bijutsutecho.com/magazine/interview/5367/）を抜粋、加筆修正したものである。

作家論
アピチャッポン・ウィーラセタクン

タイ映画史を揺さぶる「わたしたち」の投影実践

中村紀彦

アピチャッポン・ウィーラセタクンは、長編／短編映画、写真、インスタレーション作品などを横断的に制作するタイの映像作家である。アピチャッポンは現代美術と映画との豊かな混交、鮮烈な同性愛描写やアニミズム的表現の可能性を示してきた。彼の多様な側面を論じる批評は数多い。だが本稿ではあえてつぎの特徴だけに焦点をあてよう。つまり、彼の「投影」実践だ。近年の『フィーバー・ルーム』(15)のような映像パフォーマンスに至るまで、彼の映像実践を「投影」という一貫した試みだと捉えれば見通しがよくなるはずである。

「投影」をタイ映画史の文脈と絡めて考えよう。まずタイ映画前史の「投影」とは、もともと亡霊や悪魔をスクリーン上に具現化する儀式でもあった。この影絵劇は民衆のもとで伝えられてきたものだ。その後、タイ映画史の最初期に国王や王族を中心に映画が伝わった。タイにおいて、映画はまず王族によって作られたのであり、「投影」は国王の管理下におかれた。国王と王族は映画の私物化を強固にし、やがてプミポン国王による「国王の映画」というプロパガンダ映画制作とその上映活動にまで及んだ。つまり、国王は映画そのものだった。アピチャッポン作品ではタイ国内の諸問題（軍事政権、検閲、国王と国民の関係性）が浮き彫りになるが、そのことが政治的なのではない。彼の投影実践じたいがすでに豊かな文脈と絡み合っており、すでに政治的だったのだ。

アピチャッポンの自伝的側面からも「投影」を一望しよう。彼は一九七〇年にバンコクで生まれ、東北タイのコーンケンで病院を営む両親に育てられた。日頃からＴＶのソープオペラやアニメに親しんだようだ。なかでも彼は映画館という場所に没頭した。劇場の暗闇、観客、映写機、スクリーンは彼をつねに刺激した。上映前は必ず起立して国王讃歌に耳を傾けた。タイ映画のお化け(ピー)がスクリーンで躍動し、場内の観客と彼はそのイメージに取り憑かれた。彼はタイのコーンケン大学で建築学士号を取得した後、シカゴ美術館附属美術大学へ留学した。マヤ・デレンやウォーホルらの個人映画に関心を持ち、やがて修士号を得た。実験映画や個人映画の歴史は、投影のありかたに問いを投げかける歴史でもある。彼の最初期の短編『ダイヤル0116643225059をまわせ!』(94)は、彼の「投影」実践を貫く性質を具えているといえよう。留学時の下宿先の廊下を捉えたショットと母の白黒写真が、母とアピチャッポンの電話音声に呼応して交互に提示される。明確な物語展開をもたない本作は、ふたつの投影像が一画面に統合されたような不自然な感覚、いいかえればマルチ・スクリーンの投影像を単一の画面で交互に提示するような奇妙な感覚を同時に観者へと与える。これは彼の諸作品における分断された物語展開や複数世界間の遷移という諸特徴の萌芽でもある。こうした彼のコンセプチュアルな側面は、個人的な記憶/物語と「投影」のありかたへの関心に支えられているのだ。

ところでアピチャッポンは、他者の個人的な記憶/物語を引き出すことにも長けている。初長編『真昼の不思議な物体』(00)は、人々の真贋入り混じるひとり語りを紡ぐ映画だ。誰かの物語を聞いた別の誰かが物語の続きを創造して語り継ぐ。作者(監督)の存在は背景となり、人々の語りの偶然的な化学反応が本作のエンジンとなる。同時に個人的な記憶/物語は糸のように絡み合い、織物としての集合的な記憶/物語にもなる。じつはここにタイ映画前史の影絵劇(影の投影)によって語られてきた民話が挿入されてもいる。この点から彼が二〇〇〇年頃から先鋭的な投影像実践を展開してきた点も理解できる。つまり土地の記憶/物語、ひいては個人的でもあり集合的でもある記憶/物語は、タイにおける「投影」が媒介してきた側面があるということだ。もういちど、「投影」を権力から民衆のもとに取り戻すこと、それがアピチャッポンのささやかな使命でもあるのだ。それゆえに彼は『光りの墓』(15)の映画館のシーンで、鑑賞者が国王讃歌に傾聴して敬意を払う「儀礼」を意図的に暴露させた。映画とは、「投影」とはわたしたちのものなのだから。

『トロピカル・マラディ』ポスター

映画においてすでに慣習的な技法や語りもまたひとつの「儀礼」である。アピチャッポンは、ギャラリーでの投影像(ヴィデオ・インスタレーション)の特質を長編映画作品に濃縮還元させることで「儀礼」を祓う。彼は長編映画作品で物語の二部構成を用いて、鑑賞者を時間の方向喪失に誘う。『ブリスフリー・ユアーズ』(02)は開始数十分後にオープニング・クレジットが掲げられ、前半の病院での物語と後半のジャングルで展開する男女の逃避行に分割される。『トロピカル・マラディ』(04)は男性同士の恋愛パートが突如中断されるや否や、後半では片方の男性が虎に変異した別種の物語に移行する。こうした特異な実践はマルチ・スクリーンの投影実践と関連している(Ji-Hoon Kim)。アピチャッポンは単線的な時間軸からの鑑賞者の解放を促した。それは物語展開の切断による鑑賞者の方向喪失を意味し、個々の鑑賞者による別様の解釈可能性が確保されることを意味する。これは彼のギャラリーでの投影実践も同様だ。展示空間内では緩やかに作品同士が響き合い、鑑賞者ごとに異なる見方が促される仕組みなのだ(「プリミティブ」プロジェクトなど)。

アピチャッポンの「投影」とは、ある個人的かつ集合的な記憶/物語を、個々の鑑賞者へと接続させる媒介だ。『ナブアの亡霊』(09)は、物語世界内の映写機が「落雷」のイメージを投影する様子を捉える。だが突如、そのイメージを映し出していた物語世界内のスクリーンが焼失する。そのために行き場をなくした物語世界内の投影像は、鋭い光となって鑑賞者の展示空間へと擬似的に突き抜けてくる。不在のイメージとスクリーン、そしてむき出しになった「投影」。「投影」のありかたそのものの凝視とは、すなわちタイ映画史で文脈化された不可視の権力に目を向けるということだ。複雑な歴史の絡み合うタイ映画史と「投影」の営為は、このようにしてアピチャッポン作品をジャンクションにする。アピチャッポンにおける「投影」とはひとつの美学的実践であり、政治的手段なのだ。

ガリン・ヌグロホ
『メモリーズ・オブ・マイ・ボディ』

©Asian Shadows International Sales Limited

あらすじ 中部ジャワのある村。父が家を出たため母と暮らすジュノは、旅の一座と出会って女装の舞踊に興味を持つ。やがて同性愛者としての自身のセクシュアリティーを自覚しはじめたジュノは、服の仕立て職人として修行に励む一方、プンチャック・シラットのボクサーと相思相愛の仲になるが、八百長が絡む試合のあとでやくざに襲撃されて引き離される。様々な試練を経てジュノはダンサーとして成長していく。

作品解説 ガリン・ヌグロホの新作は、幼くしてレンゲルという舞踊に魅了された青年ジュノの物語。村落共同体の中で様々な受難を被りながら成長していくジュノを中心に、ジェンダーやLGBTにまつわるテーマが舞踊のパフォーマンスとともに展開される。エピソードの節目ごとに、ジュノのモデルである実在のダンサー、リアントが登場して自身の体験や舞踊の理念を語る。リアントは、近年では女性舞踊家が踊ることが多くなったレンゲルの本来の姿を継承する男性ダンサーで、日本での公演も行っている。なお、本作は2019年4月の現地公開に際し、LGBTの描写がもとで、西ジャワなどでは上映中止の騒動が起きている。

ガリン・ヌグロホ
Garin Nugroho

1961年、ジョグジャカルタ生まれ。ジャカルタ芸術大学映画学部でトゥグ・カルヤ監督に師事した後、インドネシア大学法学部も卒業。『一切れのパンの愛』(91) で監督デビュー。『天使への手紙』(94) と『枕の上の葉』(98) が東京国際映画祭で受賞するなど、低迷期のインドネシア映画界を支えて国際的にも活躍。その後もジャンル横断的な大作『オペラジャワ』(06)、『サタンジャワ』(16) で新境地を切り開き、旺盛な創作活動を続けている。

[DATA]
『メモリーズ・オブ・マイ・ボディ』
英題: Memories of My Body
原題:KUCUMBU TUBUH INDAHKU
インドネシア/2018年/カラー/106分/
インドネシア語、ジャワ語
監督:ガリン・ヌグロホ/プロデューサー:イファ・イスファンシャー/共同プロデューサー:マシュー・ジョルダン
出演:ジュノ:ムハマド・カン/ジュノ(幼少期):ラディティア・エファンドラ/ダンサー:リアント/レンゲルの先生:スジウォ・テジョ
ヴェネチア国際映画祭 オリゾンティ部門(2018年)

インタビュー
ガリン・ヌグロホ
『メモリーズ・オブ・マイ・ボディ』

二極間のダンス、身体で表現するトラウマ

取材／谷元浩之（国際交流基金アジアセンター）　構成・文／森宗厚子（同）

二〇一九年三月ジャカルタにて、ガリン・ヌグロホ監督にインタビューを行った。インドネシアの各地の風俗に造詣が深いヌグロホ監督が、伝統舞踊の世界に着目して、男性性（マスキュリン）と女性性（フェミニン）を併せ持つ両性のテーマを取り上げた『メモリーズ・オブ・マイ・ボディ』（18）の話題を中心に、身体論とトラウマについての持論やインドネシア社会に対する洞察を語っていただいた。

――この作品を作ろうと思われた着想について教えていただけますでしょうか？

ガリン・ヌグロホ（以下GN）　まず、重要なこととしては、私は常に何かを作っていますが、今までに自分が作ったことがないような映画を作りたいと思っています。ジャンルや主題などの作品の根幹においても、常に違ったかたちで取り組みたいのです。そして、常にセンシティブな問題を含んだ映画を作っています。例えば、急進的イスラム主義について、パプア地域について、などです。

　そのうえで、男性性（マスキュリン）と女性性（フェミニン）は美に関連していて、センシティブな問題でもあるので、映画で取り上げたいと思いました。男性性と女性性に関しての別の視点を提示したいと思いました。

　ここ二～三年間、私はドラマトゥルクとしてリアントのコレオグラフィに協働していて、徐々に、男性性と女性性についての映画を作りたいと思うようになりました。この問題には人生の生態系が凝縮されているので、日常ベースでの男性性と女性性について描こうと思ったのです。

　リアントのコミュニティはバニュマス地方のレンゲル（※1）の文化をベースにしています。レンゲルとは男性が踊る女形の踊りです。パフォーミング・アートと文化的生態系を描いた背景を織り交ぜながら、女性性と男性性の主題についての議論の一環となるような映画を作ろうと思いました。

――この映画はリアントさんの実人生に基づいているとのことですね。

GN　オーストラリアのダーウィン・アート・フェスティバルのために彼からドラマトゥルクになってほしいと依頼されて引き受けたことをきっかけに、バニュ

※1 レンゲル（Lengger）：中部ジャワのバニュマス地方の伝統舞踊。

「この映画は死ぬべき運命にある人間のトラウマを扱っています」

マス地方の彼の故郷の村を訪れ、彼の子供時代からの生活やコミュニティやレンゲルの踊りを理解しようとしました。私は、それらは彼の人生を描く物語の出発点として興味深いものになってくると思いました。

　とはいえ、このようなダンスにまつわる両性にかかわる問題を内包する他の数人のダンサーたちの人生も参照したので、この映画は一〇〇%リアントの人生に依っているというわけではありません。つまり、リアントとその他数人のダンサーたちの人生を掛け合わせたようなものになっています。

　そして、リアントには、この映画で主役の俳優の踊りの振り付けとナレーター役を務めてもらいました。つまり、私は彼をこの映画の精神的な柱として配置しました。

――リアントと他のダンサーたちの人生を混ぜ合わせて映画にするうえで、焦点を置いたポイントはありますか？

GN　私は二つのダンスの文化を参照することを試みました。ひとつはバニュマスのレンゲル、男性が女性として踊るダンスです。二つ目は、東ジャワのレオッグ（※2）というダンスにおいてゲンブラッと呼ばれる男性の存在です。レオッグでは、上質でスピリチュアルなダンサーになるためには、男性のパートナーを得なければいけないとされています。これは、東ジャワにおいてはポピュラーなことです。それで、私はリアントの故郷バニュマスのレンゲルと、東ジャワのレオッグの精神的なカップルとしての男性の伴侶を探すというモチーフに焦点を当てることにしました。

　レンゲルは、バニュマスの村ではとても人気があります。路上で踊るようなタイプのダンスで、村人たちも一緒になって踊ります。踊り手は男性ですが、女性になり切って踊ります。

　レオッグは東ジャワのダンスで、巨大な獅子舞です。その精神性を体現するため、男性カップルにならなければいけないことが知られています。これは長い歴史があり、村人たちは偏見なく、それを受け入れていました。また、今なおポピュラーでもあります。

――しかし、現代のインドネシア社会、例えばジャカルタのような大都市で、人々はこれらの伝統をどのように受け取っているでしょうか。

GN　現代では、もちろん変わってきていて、例えばリアントはレンゲルの伝統をコンテンポラリーダンスに発展させています。そのように、レンゲルから新しい現代的舞踊に発展させるコレオグラファーたちも何人かいます。私が思うに、両性の概念は、コンテンポラリーダンスになって強くなったというよりも、伝統的な視点にのっとって両性的なコレオグラフィーを発展させた数人の人たちだけが成熟させてきているのです。

――『メモリーズ・オブ・マイ・ボディ』では、身体が強いモチーフとして使われています。

※2 レオッグ（Reog）：東ジャワの伝統舞踊、獅子舞。

©佐藤基

この映画は非常に政治的でもあると思いますが、直接的に表わされてはいません。語り口としては、少年期から青年期になるまでの成長物語が物語のフォーマットとしてあり、政治的メッセージを強調するために身体が用いられています。このアプローチについてお聞かせいただけますか。

GN　私が思うに、人間生活の八五%は身体そのものです。一五%は思考ですが、とはいえ、すべてが身体だともいえます。身体は思考でもあり、表情です。身体は日常的な側面であり、特性的な慣習といえます。身体は社会的でもあり、宗教的なシステムです。生命のすべての要素は身体の中と外にあります。あらゆる生活様式もです。これは身体が人間の生活において重要であることを意味します。第二に、身体とはまたトラウマでもあります。赤ん坊の時、人間は泣きますが、我々はなぜ生まれたとき赤ん坊が泣くのか分からないわけです。人間の現実生活はトラウマを伴っています。

どの国にもトラウマがあります。また、どの人も皆、トラウマを持っています。トラウマは暴力的であり、また悟りにもなります。日本やドイツは第二次世界大戦のトラウマを抱えています。そして、インドネシアは一九六五年の大虐殺のトラウマがあります。この映画では、六五年の大虐殺が物語の一部を成しています。コミュニストに対する大虐殺に政府が関与していたという事実が、主人公が体現している問題です。それはすべての国民がトラウマを負っていることを意味します。

そして、すべての人間は身体を愛する必要がありますが、また自身の身体に関わる人生のトラウマを負いながらも生き延びることができます。それが映画の主題です。この映画のあらゆる構造において、死ぬべき運命にある人間の物語における、個人的なトラウマ、社会的なトラウマ、政治的なトラウマ、そして精神的なトラウマを取り扱っています。なぜなら、トラウマは世界で最も大きな問題のひとつですから。それが映画の冒頭がとても激しい理由です。暴力は世界最大のトラウマの一部だからです。インドネシアでは一九六五年の大虐殺で五〇万人以上が死亡したと言われています。

——映画の中で主人公は多くの困難を経験し、生と死の両方の側面が描かれます。この生と死のコントラストは、映画に深みを与えています。生と死のコントラストを描いた意図は?

GN　なぜなら、インドネシアはパラドックス社会だからです。冷静だが残酷。一見、平穏でも、時には混沌となります。

「インドネシアはパラドックス社会。冷静だが残酷。美しいが邪悪」

美しく見えて、邪悪でもあります。この社会においては、すべてがパラドックスです。前近代社会とポスト・モダン社会、美しい何かと激しい何かの間の逆説です。私の映画では、前近代と近代の間、近代とポスト・モダンの間、そして、平穏でもありつつ暴力的な、美しくもあり残酷でもある、対立する二極間のパラドックスが常にあります。予測できない状況の中では、こういうことが私たちの社会の一部なのだと思います。

©Asian Shadows International Sales Limited

——この映画の時代背景について教えてください。

GN　主人公は一九七〇年代に生まれて今に至ります。一九九八年のスハルト辞任を物語の出発点として参照していますが、もちろん一九六五年のコミュニストに対する大虐殺や一九六〇年代も背景としています。この映画には、それらのすべての時代背景を織り込んでいて、各シークエンスの終わりの音楽は、七〇年代、八〇年代、九〇年代、そして一九九八年の、それぞれの時代が終わる感慨を表しています。

——音楽を担当したモンド・ガスカロ(Mondo Gascaro)について教えてください。

GN　モンドは現在、インドネシアの若者の間で人気があります。彼の作品は常に象徴的で記憶に残るものであり、そして人生についての想像力をかき立てます。それらは、この映画を象徴するうえで重要であり、そしてインドネシア人の人生に対する想像力と歴史の感覚を刺激します。彼の音楽を聞くと、記憶が呼びさまされます。

——今回、撮影監督のテオ・ガイヒャン(Teoh Gay Hian)と組んだのはなぜですか？　彼はマレーシアのニューウェーブから登場した人で、あなたとは『オペラジャワ』でも仕事をしました。

GN　この映画には、精神性の感覚を加味するため、何か自然な手法が必要でした。通常において撮影監督がより美しく撮るために採用する方法としては、人工的なフレーミングなどに凝ったりしますが、それよりむしろ、演技を発展させて長回し撮影を展開させることで、より自然な捉え方ができます。この映画を見たとき、「ああ、美しいフレーミングだ」と一見して思うような見た目ではありませんが、私が本当に美しいと思い、自然に好きなものです。この映画で彼と組んだ理由は、彼がすべての演技の展開を心理的で自然な方法で捉えるからです。

作家論
ガリン・ヌグロホ

社会問題をジャンル横断的にダイナミックに描く

石坂健治

映画監督のなかには芸術分野を横断・越境して創作するタイプのアーティストたちが存在する。アジアに限れば、アピチャッポン・ウィーラセタクン、キドラット・タヒミック、ツァイ・ミンリャン(蔡明亮)らは、映画と美術・演劇的表現の間を自在に往還して作品を生み出す。最近のアピチャッポンなら劇場空間と光を使った幻惑的な『フィーバー・ルーム』(15)が印象に残るし、タヒミックは先住民イフガオの風神とスカートを押さえるマリリン・モンローを一対の彫像として展示し、その前でイフガオの褌をまとって反ハリウッド的な寸劇を披露する。ドキュメンタリーを撮影しながらモノクロ写真のシャッターも切り、個展まで開くワン・ビン(王兵)や、ロック・シンガーとしてのステージもこなし、インディーズ映画に主題歌を提供するラヴ・ディアスを加えてもいいだろう。

一九九〇年代以降のインドネシア映画界を牽引してきたガリン・ヌグロホもそうした系譜に連なる一人だ。六一年ジョグジャカルタ生まれのヌグロホは、国立インドネシア大学で法学、ジャカルタ芸術大学で映画を学び、芸大在学中から短編を発表。スラム住民の過酷な労働に密着した『水とロミ』(91)など初期のドキュメンタリーにも注目すべきものがある。長編デビュー作『一切れのパンの愛』(91)で東京国際映画祭に招かれたのが縁の始まりで、同映画祭に一〇回を超える入選を果たし、ストリート・チルドレンを描いた『枕の上の葉』(98)は劇場公開されるなど、日本との縁が深い作家でもある。

今日まで旺盛に創作されてきたヌグロホの作品群は、その内容を概括すれば「スハルト独裁体制下とその終焉後のインドネシア社会の諸相を見据えている」といえるが、他方、様式面では早くからジャンル横断的な表現を得意としてきたこともあり、ここではいくつかに腑分けして論じてみたい。

まず、新婚夫婦の諍いと融和を綴ったデビュー作『一切れのパンの愛』、伝統音楽の師匠と弟子の三角関係に踏み込んだ『そして月も踊る』(95)から、脚本なしで作られた三人の女の生と性をめぐる実験作『アンダー・ザ・ツリー』(08)、新作『メモリーズ・オブ・マイ・ボディ』(18)に至る、プライベートで内向的なテーマを扱った作品群がある。過去のトラウマに起因する夫の性的不能の治癒のため夫婦が旅に出る辛口の青春映画『一切れのパンの愛』にすでに顕著なように、これらの作品ではエロスとタナトス、ジェンダー、LGBTといったテーマが繊細な手さばきで前景化される。『そして月も踊る』『メモリーズ・オブ・マイ・ボディ』にはさらに伝統社会・伝統芸能といった葛藤の要素が加わる。この角度から見ると、ヌグロホの原案をモーリー・スリヤが監督した、レイプ男の首を刎ねて携行する女のロードムービー『マルリナの明日』(17)も実にヌグロホ的な物語といえる。

次に、喫緊の社会問題に取材したものや、歴史上の人物の評伝など、大規模でパブリックな題材のものがある。実際のストリート・チルドレンたちにそのままの役を演じさせた『枕の上の葉』、イスラム原理主義に洗脳されていく少女を追う『目隠し』(12)などは時事的な問題をクローズアップで、祖国独立に身を投じたカトリック司教の物語『スギヤ』(12)、二〇世紀前半の民族主義運動のリーダーの伝記『民族の師 チョクロアミノト』(15)などはインドネシア現代史をロングショットで、それぞれ描き分けているが、後者のグループについてもヌグロホは、過激化する現在のイスラム原理主義に対抗するため、祖国の来し方を冷静に見直す材料を社会に提示していきたい、としばしばその制作意図を語っているので、アップとロングは一対のものとして捉えるべきだろう。

そして映画の枠を越えるジャンル横断的な作品群がある。早くも『一切れのパンの愛』や『天使への手紙』(94)、『そして月も踊る』ではリアリズムの破調として、演劇的に様式化された演技、あるいは詩の朗読が唐突に組み込まれていたが、この系譜で最初のピークとなるのが全編〝ガムラン・オペラ〟といった趣の大作『オペラジャワ』(06)で、ガムラン音楽と舞踊と象徴的な美術によって、古典叙事詩

Garin Nugroho

『サタンジャワ』　photo ©Erik Wirasakti

ラーマーヤナに基づく男女三人の不義と愛と嫉妬の物語が展開していく。そして二〇一六年の初演以来、豪州や欧州に続いて一九年に東京公演が行われる『サタンジャワ』は、ヌグロホ芸術の集大成にして新たなチャレンジともいえる注目作である。ジャワ島の神話世界を描くモノクロ・サイレントの映像をベースに、上映＝上演される地域のクリエーター（日本版はサウンドクリエーターの森永泰弘）とタッグを組み、そのつど一期一会の劇伴を生演奏と音響設計で作りあげるというコンセプトの同作は、映像とサウンドが積算され、圧倒的な迫力で劇場全体を包み込む。

　付記すると、ヌグロホは教育者としての功績も忘れるわけにはいかない。かつては母校のジャカルタ芸大で教鞭を執ってリリ・リザらを指導し、近年は故郷ジョグジャカルタで映画祭を主宰して若手の発表の場を創出している。二〇一七年の東京フィルメックスでスリヤの『マルリナの明日』とカミラ・アンディニ『見えるもの、見えざるもの』というインドネシア人女性監督の二作品がグランプリを分け合った。前者がヌグロホの原案であることは既に述べたが、後者の監督アンディニはヌグロホの長女であり、彼の切り開いた道を若い世代が大きく広げているのを実感した。

東南アジアの巨匠 5人

ブリランテ・メンドーサ

『アルファ、殺しの権利』

©2018 Center Stage Production

ブリランテ・メンドーサ
Brillante Ma Mendoza

1960年、パンパンガ州サンフェルナンド生まれ。美術監督、CMディレクターなどを経て2005年、『マニラ・デイドリーム』で監督デビュー。以来、世界三大映画祭で受賞するなど、フィリピン映画第三黄金期のトップランナーとして活躍。

[DATA]
『アルファ、殺しの権利』
英題／原題：Alpha, The Right to Kill
フィリピン／2018年／カラー／94分／フィリピノ語、英語
監督、製作総指揮：ブリランテ・メンドーサ／脚本：トロイ・エスピリトゥ／撮影監督：ジョシュア・A・レイルズ／編集：ディエゴ・マルクス・ドブレス／音楽：ディワ・デ・レオン
出演：モイセス・エスピノ：アレン・ディゾン／エライジャ：エライジャ・フィラモー／アベル・バウティスタ：バロン・ガイスラー／リア：ジャリン・タボネクネク／アンジェラ・エスピノ：アンジェラ・コルテス
サンセバスチャン国際映画祭　コンペティション部門（2018年）

あらすじ　警察官エスピノは職場を離れれば子どもたちに囲まれる良き父親である。麻薬取引の大物アベルの組織を撲滅するよう指令を受けたエスピノは、内通者エライジャから情報を得てSWATとともに取引現場に乗り込む。壮絶な銃撃戦の末に多数の者を捕縛するが、捜査官たちの到着を待たず、エスピノとエライジャは現金や麻薬を袋に詰めて現場から離れるのだった……。

作品解説　ドゥテルテ政権下でのフィリピン麻薬戦争は熾烈を極めているが、近年のブリランテ・メンドーサは麻薬戦争をテーマにした作品を連発している。カンヌ映画祭で主演女優賞（ジャクリン・ホセ）に輝いた『ローサは密告された』（16）は麻薬の売買に手を染めた雑貨店の女主人を中心に据えたが、本作では最前線で戦う警察官の表と裏の顔に焦点を当てている。メンドーサ特有の手持ちカメラ撮影が生み出す臨場感は圧倒的で、特に銃撃戦の場面は凄まじい迫力である。NETFLIXのシリーズ「AMO 終わりなき麻薬戦争」（17）で主役を演じたアレン・ディゾンがエスピノ役を演じている。サンセバスチャン国際映画祭で審査員特別賞を受賞した。

インタビュー

ブリランテ・メンドーサ

フィリピンの麻薬問題で腐敗した状況をさらけ出す

構成・文・写真＝金子遊

本稿は、二〇一六年の東京国際映画祭で来日したブリランテ・メンドーサ監督にインタビューを行ったものである。監督の「ファウンド・ストーリー」というメソッドについてや、その年のカンヌ映画祭に出品され、フィリピンでは六月に公開された麻薬売買に従事する主婦を主人公にした『ローサは密告された』(16)についてお話を伺った。監督はその後も、NETFLIXのシリーズドラマ『AMO 終わりなき麻薬戦争』(17)やサンセバスチャン国際映画祭で審査員特別賞を受賞した『アルファ、殺しの権利』(18)でフィリピンの麻薬問題についてもっと踏み込んで描いている。監督の映画に対する基本姿勢が未だ予断を許さないフィリピンの情勢に斬り込む源泉となっていることがよく分かるインタビューである。

ファウンド・ストーリーの方法論

——メンドーサ監督が師事した脚本家のアルマンダ・ラオのメソッドが、どのようなものであったか教えて頂けないでしょうか。

ブリランテ・メンドーサ(以下BM)　それは「ファウンド・ストーリー」と呼ばれているメソッドです。この「ファウンド」というのは四つの原則に基づいています。一つ目は、現実の状況や経験に基づくストーリーでなくてはいけないということ。二つ目は、それが自然なものではなくてはならないことです。映像を見たときに、人物の動きが振り付けされたり、リハーサルされたりしたものであってはならない。本物の人間の動きでなくてはいけない。三つ目には、社会的な関連性や意味がなくてはならないこと。登場人物の男性、あるいは女性の物語であったとしても、彼ら／彼女らが属するコミュニティに関するストーリーになっているべきだということです。四つ目には、映画の物語のなかに何か課題がなくてはならない。それを哲学として、映画を通じて伝えるものが何かなくてはいけません。これら四つの要素のなかにさらに細かな要素があって、それらの要素がその哲学を定義していると考えます。それが、わたしが「ファウンド・ストーリー」と呼んでいる物語づくりの原則です。

——たとえば、メンドーサ監督が撮った『フォスター・チャイルド』(07)という映画のな

「映画で描こうとしたのは、彼女の人生におけるグレーゾーンの問題」

かで、フィリピンにおける里親の制度を取りあげたのは「ファウンド・ストーリー」に基づくものだったのですか。この映画では、長まわしを基調とするカメラが、主人公の母親であるテルマの行動に密着して、人物のセリフと街の雑踏などのノイズが生々しく耳に飛びこんできます。マニラのスラムでたった五日間の撮影で撮られたというのも驚きです。スラム街をリアルに描くとき、そのコミュニティが持っている課題をどのように考えて撮ったのでしょうか。

BM　スラム街に暮らす人たちにも、もちろん人生や愛の物語があります。ある人が家族や恋人に愛を注ごうとしても、実際の人生においてはそれが十分になされることはありません。そのスラムの社会において自分が生き延びていくためには、もっと現実的な側面においてやらなくてはならない課題がいろいろあるからです。『フォスター・チャイルド』のなかでわたしが伝えたかったのは、まさにそのような人間性が直面している課題だったのです。

　この映画に登場するテルマという母親には、実子がふたりいます。その一方で、テルマは里子(フォスター・チャイルド)に行く子どもを一時的に預かる仕事もしています。三歳のジョンジョンを引き受けており、アメリカ人の里親が見つかるのを待っているところです。彼女は里子に対しても、母親としてその子にできるだけのことをしたいと思っています。実際には自分の子どもではないという現実をきちんと理解しながらも、心のなかではすべてを捧げたいと思っている。やがて里親の希望者が見つかって、テルマは切なさを感じながらもジョンジョンを連れて引き渡しの場所に向かうことになるのです。

ローサは密告された

——同じくフィリピンのスラム街を舞台にした『ローサは密告された』(16)は、日本でも劇場公開されてソフト化もされて、一般的に広く観られる作品になっています。この映画の製作には五年の月日がかかっているということですが、この映画でフィリピンの麻薬問題に光を当てたのはなぜでしょうか。

BM　麻薬の問題は現代のフィリピンにおける社会的な課題になっており、それを取りあげたかった。取りあげなくてはいけないと思いました。麻薬のテーマだけを扱っているのではなく、『ローサは密告された』に登場する小売店をやりながら、裏で麻薬の販売に手を染めている夫婦とその家族が主たる登場人物ですが、彼女たちは麻薬の問題を含む難しい状況に直面するような場所に暮しているわけで、その生活の全体を描こうとしました。この映画は家族のストーリーであり、特にローサという女性の母親としての物語になっています。この映画のなかで描こうとしたのは、彼女の人生のなかにおけるグレーゾーンの側面といえるものです。

　映画を観ている人々に、ローサの人生においてどの部分が正しいもので、どの部分がまちがっていたのか、考えてもらいたいと思ったんですね。何が道徳的なもので、何が非道徳的なものであるのか、そのような問いかけを観客にむけて投げかけたかった。実際にローサが置かれたような状況に自分がなってみなければ、

　本当の意味で何が正しくて何がまちがっているか、簡単にはいえないのではないかと思うからです。麻薬のシンジケートや政府の側から見たときに、ローサという女性は良き市民とはいえないかもしれません。でも彼女の子どもたちにとっては、彼女が良き母親であることにまちがいない。ということは、彼女が正しいとかまちがっているということは、誰にも指摘できないことなのかもしれません。わたしにとって道徳とは、選択の問題にすぎないのです。

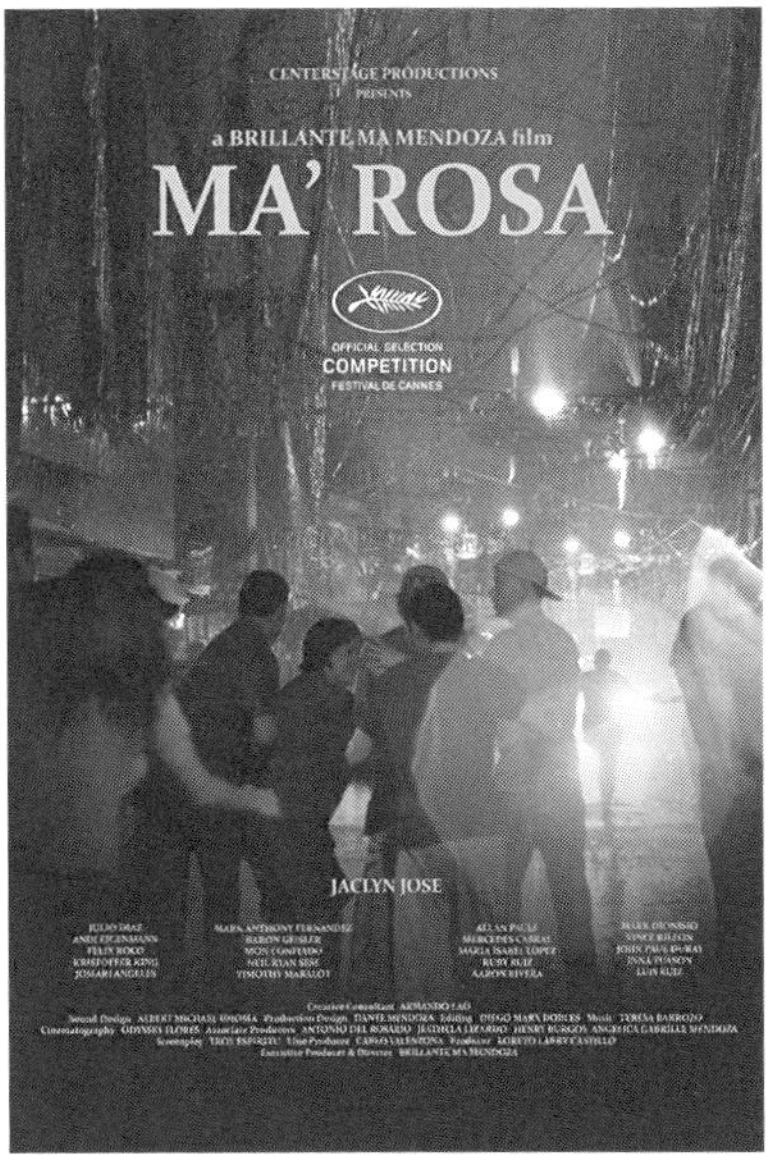

『ローサは密告された』ポスター

――『ローサは密告された』のストーリーをつくるにあたって、そのアイデアは新聞記事から来たものでしょうか。それから、ストーリーを形づくっていく上で、どのようにリサーチを進めていったのでしょうか。たとえば、警察の内部における汚職や腐敗の問題などは、どのように調べていったのか。

BM　この物語は新聞記事からきているのではありません。実際にわたしの知人が、警察に拘束された経験を聞いたことが、それがこのストーリーをつくることになった発端です。不思議なことに、わたしはどのような社会を撮影対象にしても、どのようなストーリーをつくるときでも、現実的な問題を調べていく方法を何とか見つけてしまうのです。なぜなら、わたしは映画の登場人物たちのひとつの側面だけを見せようとするのではなく、

「わたしにとって道徳とは、選択の問題にすぎないのです」

必ず別の側面をも表現しようとするからです。良い警察官もいれば、悪い警察官もいます。実際にフィリピンで警察官をやっている人のなかで、警察官としての物語をわたしに語ってくれる人物が何人かいます。

――『ローサは密告された』における即興演出についてお聞きしたいのですが。たとえば、ローサのお店に警官たちが強制捜査で踏みこんでくる場面は、どのように演出をしたのでしょうか。

BM　ローサとその家族を演じた人たちには、お店のなかで夕飯を食べていて下さいといいました。それで、彼らは食事をしていました。そして、警官たちが外の夜の闇から近づいていきました。だから、彼らは次に何が起こるか知らされていませんでした。一方で、お店に踏みこんでいく警察官役の人たちには、店のなかで麻薬を探してくれ、と指示しました。あの場面では、三人のカメラマンを使っています。ひとりには人物たちのクロースアップを撮ってくれと指示し、もうひとりには、とにかくローサだけを追うようにいいました。それで三人目のカメラマンには全体の状況を撮るように伝えました。それら三人が撮影したものを編集で組み合わせていったのです。

――映画から少しはなれた質問になりますが、実際のフィリピン社会における警察の腐敗について、どのように考えていますか。それから、この映画の物語はドゥテルテ大統領が強権的に麻薬の撲滅運動を進める前の話でしょうか。

BM　フィリピンの警察だけに限らず、どこにでも腐敗は蔓延しています。このような腐敗した状況を外部にさらけ出そうとしている映画作家は、わたしくらいのものなのかもしれませんが。だからといって、他の世界のどこか別の国において、まったく腐敗がないかというと、そうではありませんよね。先進国においても、もっと大きなスケールにおいて汚職や腐敗がなされているのだと思います。

　そうです。この映画はドゥテルテ大統領が登場する以前の物語です。いまの政権は、麻薬の売買や使用に関して、フィリピン社会に問題があるということを理解しています。わたしたちの国のなかで、この麻薬の問題がとても大きな問題であることがわかっています。ドゥテルテ大統領は、麻薬の問題を解決しようとするための、彼なりの方法をもっているように見えます。彼は大統領であり政治的指導者であり、そしてフィリピンの多くの人間に投票されて選ばれた大統領です。ですので、大統領という権限において、彼がどういうふうに解決しようか決めることができる。その権限を彼に付与したのは国民です。ただ彼がおこなっているやり方に、すべてのフィリピン人が合意しているわけではありません。つまり、すべての人が彼に投票したわけではなく、常に彼に賛成しない人がいることも事実です。ただ大多数の人間が彼に投票したという事実は、尊重されるべきだと思います。

※本稿はneoneo webに掲載されたインタビュー（http://webneo.org/archives/46321）を抜粋したものである。

作家論
ブリランテ・メンドーサ

社会の暗部を独自のメソッドと手持ちカメラで暴く

石坂健治

あえて役者に脚本を渡さず、自らの内面から湧き出る真実のセリフを待ち、結果としてこの上なくリアルで迫真の演技を導き出す「ファウンド・ストーリー」メソッド。にもかかわらず、ときにセリフが聞き取れなくなるほど、人物を取り巻く街の雑踏が発する音をすべて採録する、臨場感に溢れた「ノイズ主義」の手法。それにデジタル時代の申し子といえる軽量の機材を駆使し、スラムの細い路地を手持ちカメラが縦横無尽に動き回る、中平卓馬や森山大道の写真作法の映画版のような「アレ、ブレ、ボケ（粗い画面、手ブレ、ピント外れ）」の美学。ブリランテ・メンドーサの作品世界はこうした独自の哲学に基づいて創られ、いちど接したら忘れられない強度をそなえている。

衆目の一致するところ、メンドーサが『マニラ・デイドリーム』で監督デビューを果たした二〇〇五年をもって、フィリピン映画の第三黄金期が幕を開けたとされている。彼の存在がそれほど象徴的な意味を持っているということである。その時点で四五歳を迎えていたこの大器晩成の作家は、「人生には遅すぎるということはないのです」と自ら語るとおり、それから瞬く間に世界三大映画祭で受賞を重ねることになっていく。現在までの一五年間、フィリピン映画はメンドーサに牽引されて黄金時代を謳歌してきたといっても過言ではない。

一九六〇年、米軍クラーク空軍基地にほど近いパンパンガ州の州都サンフェルナンドに生まれたメンドーサは、聖トマス大学を卒業して映画界入り。二〇年にわたりペケ・ガリャガなど第二黄金期の監督たちの作品で美術監督をつとめ、その後はCMディレクターとして評価されるが、友人に誘われて初めて監督したビデオ作品『マニラ・デイドリーム』がロカルノ国際映画祭で受賞し、映画監督としてのキャリアがハイスピードで展開していく。同作は貧しい青年が男性専用のマッサージ店で働くなかでゲイの客たちと交わり、そこに父親との確執の点描が挿入されていく構成を持ち、底辺に蠢く人々の視座から社会の影の部分に切り込むメンドーサ特有のスタイルはすでに萌芽している。

初期のメンドーサ作品は性産業を描くものが目立つ。『マニラ・デイドリーム』の時点ではセックス・ビジネスの諸相を描く三部作の構想を持っていたそうだが、『サービス』(08)を撮り終えたあたりでこのテーマへの関心が薄れたそうで、第三部は撮られていない。自らの故郷に近く、基地の米兵相手に性風俗産業の一大拠点となっていたアンヘレスのポルノ映画館を舞台にした『サービス』は、客席の闇がゲイ・カップルの〝ハッテン場〟と化し、怪しげなアウトサイダーたちが闊歩する群像劇で、むせかえる猥雑さに圧倒される、初期の傑作である。メンドーサとともにフィリピン映画を牽引する一方の雄、ラヴ・ディアスは、映画史をめぐるフランスのドキュメンタリー『フィリピン映画への帰還』(10)のなかでインタビューに応え、マイ・ベスト・フィリピン映画として『サービス』をあげている。

やがてメンドーサはより広範な社会的テーマを扱うようになっていく。里親制度のなかで展開する疑似家族の情愛を描く『フォスター・チャイルド』(07)、殺人事件の加害者の祖母と犠牲者の祖母が裁判の場で争う『グランドマザー』(09)、子どものいない助産婦の哀しみに寄り添う『汝が子宮』(12)などいずれも素晴らしく、またフランスの大女優イザベル・ユペールを主演に迎えた『囚われ人 パラワン島観光客21人誘拐事件』(12)でも冒頭に述べた作劇法は揺るがず、ユペールがメンドーサの世界に溶け込んでいる。

筆者はメンドーサ初の国外ロケ作「SHINIUMA *Dead Horse*」(16)(『アジア三面鏡2016:リフレクションズ』の一編)のプロデューサーの一人として極寒の北海道・帯広での撮影に同行したが、ごく少数の若手スタッフ(私たちは密かに彼らを〝メンドーサ・ボーイズ〟と呼んだ)に的確な指示を与えて融通無碍に現場を回していく司令塔としての手際の良さから、採録しておいた様々な環境音をポストプロダクションの段階で強調して被せていく「ノイズ主義」の徹底した実践まで、他の現場では決して体験できない〝メンドーサ・マジック〟のあれこれを目の当たりにして、なるほどこれがワールド・クラスの作家の現場なのか、と目から鱗が落ちる思いがしたことを付記しておきたい。

さて、近年のメンドーサは猖獗を極めるフィリピンの麻薬戦争に焦点を絞っている観が強い。カンヌ映画祭でジャクリン・ホセが主演女優賞に輝いた『ローサは密告された』(16)は密かに麻薬の売買に手を染めている雑貨店の女主人の視座からこのテーマに挑んでいたが、NETFLIXのドラマ『AMO終わりなき麻薬戦争』(17)やサンセバスチャン国際映画祭で審査員特別賞を受賞した『アルファ、殺しの権利』(18)では、警察や麻薬組織の最前線で展開される凄絶なアクション描写が前景化している。

いうまでもなく麻薬戦争は現ドゥテルテ政権下の最大のホット・イシューだが、金子遊による別項のインタビューにあるとおり、「彼(=ドゥテルテ)がおこなっているやり方に、すべてのフィリピン人が合意しているわけではありません。(中略)ただ大多数の人間が彼に投票したという事実は、尊重されるべきだと思います」と述べるメンドーサは、『ローサは密告された』と同じように主婦が麻薬をめぐるトラブルに巻き込まれていく『暗きは夜』(17)のアドルフォ・アリックスJr.や、ラップ合戦のなかに現政権批判のメッセージを潜ませる『リスペクト』(17)のトレブ・モンテラスⅡのような、はっきりと反ドゥテルテを表明する作家たちとは違う立場のようだ。むろん政治的立場と創作表現を直結させて考えるのは短絡だが、フィリピン情勢とメンドーサの今後がともに注目されているのは間違いない。

『アルファ、殺しの権利』

東南アジアの巨匠5人

エリック・クー

『ミーポック・マン』

エリック・クー
Eric Khoo

1965年、シンガポール生まれ。短編作品で注目され、『ミーポック・マン』(95) で長編デビュー。『一緒にいて』(05) がカンヌ映画祭監督週間の開幕作品に選ばれるなど、新生シンガポール映画の旗手として活躍。

[DATA]
『ミーポック・マン』
英題／原題:Mee Pok Man
シンガポール／1995年／カラー／110分／中国語（方言含む）、英語
監督:エリック・クー／脚本:フォーン・ユーレイ／製作:ジャクリン・クー／プロダクションマネージャー:ブライアン・ホン／撮影監督:ホー・ヨクウェン／音楽:ジョン・コンパ／編集:マーティン・シー
出演:ミーポック・マン（ジョニー）:ジョー・ン／バニー:ミシェル・ゴー／客引き:リム・ケイトン
ベルリン国際映画祭 フォーラム部門（1996年）

あらすじ 屋台でミーポック（太麺の料理。シンガポール庶民のソウルフード）を売る無口な青年ジョニーには友だちもいない。一方、娼婦のバニーは外の世界に憧れ、家族のために体を売って稼いでいる。そんな二人がジョニーの店で出会い、ジョニーは密かにバニーに想いを寄せる。ある夜、バニーが店の前で車にはねられ、ジョニーは彼女を家に連れ帰って介抱するが、医者には診せず、ただ傍らで添い寝をするばかり。やがてジョニーの奇妙な行動がはじまる。

作品解説 エリック・クーの長編デビュー作にして、新生シンガポール映画の出発点となった記念碑的作品。ミーポック売りの青年と娼婦という、社会の底辺に生きる者の出会いと別れに焦点を当てているが、とりわけ北京語、広東語、英語、それにならず者が使う福建語と、複数の言語が飛び交うシンガポール特有の時空間の描写が興味深い。後半の過激な描写のためか、当初は厳しい年齢制限（21歳以上のみ鑑賞可）を受けたが、やがて18歳以上可と緩和された。近年、アジアン・フィルム・アーカイブ（シンガポール）によってデジタルリストア版が完成した。

『痛み』

あらすじ 廃屋に住む青年は新聞の求人欄のあちこちに×印を付け、針やナイフでからだを傷つけている。やがてストレスは狂気の域に突入。インド人街の雑貨店の主人がターゲットとなり、拷問の惨劇が展開される。

作品解説 エリック・クーは1990年代初頭から短編作家として注目されていたが、初長編『ミーポック・マン』(95)に飛躍するきっかけを作ったのが本作『痛み』である。1994年のシンガポール国際映画祭での受賞後、過激な描写のために国内での上映が禁止となったにもかかわらず、コダックなどのスポンサーは本作の中にクーの将来性を認め、次回作すなわち長編デビュー作への援助を増額してくれたという。

[DATA]
『痛み』
英題／原題：Pain
シンガポール／1994年／モノクロ／32分／英語
監督：エリック・クー／照明：ジョー・ン
店主：ナシル・フセイン／若者：ダレン・リム
シンガポール国際映画祭 短編部門（1994年）

『一緒にいて』

あらすじ 「Meant To Be」は妻を亡くして孤独を抱えた食料品店のオーナーの物語。彼が希望を諦めようとしたとき、ある自叙伝を偶然見つけ、彼の人生が変化していく。「Finding Love」はビルの警備員として勤める男の物語。料理を愛し、同じアパートに住む女性を想う男は、彼女との距離を埋めようと手紙を書きはじめる。「So In Love」はインターネットで知り合った2人の女子高生が互いを好きになってしまう、ほろ苦い青春の物語。ある出来事をきっかけに、2人の人生の計画が根本的に書き換えられてしまう。

作品解説 エリック・クーが、『ミーポック・マン』(95)、『12階』(97) ののち、久々に発表した長編第3作。シンガポール映画として初めてカンヌ映画祭監督週間のオープニング作品に選ばれた。孤独な主人公たちをめぐる3つの物語が展開され、盲で唖の老女テレサ・チャンの生活がドキュメンタリーとしてそれらを包み込むように置かれている。特筆すべきはセリフを排した沈黙劇としての演出や、スタイリッシュな構成だが、劇中の料理へのこだわりも最新作『家族のレシピ』(18) まで一貫している。また、レズビアンを描いた初めてのシンガポール映画といわれている。

[DATA]
『一緒にいて』
英題／原題：Be With Me
シンガポール／2005年／カラー／93分／英語、中国語（方言含む）
監督：エリック・クー／撮影監督：エイドリアン・タン／脚本：エリック・クー、ウォン・キムホー／音楽：ケヴィン・マシューズ、クリスチャン・シャム／製作：ブライアン・ホン
出演：テレサ：テレサ・チャン／少女1：イザン・リー／少女2：サマンサ・タン／ガードマン：シー・カンヨウ／老人：チョウ・サンチン／息子：ローレンス・ヨン
カンヌ映画祭 監督週間（2005年）

インタビュー
エリック・クー

シンガポール映画を世に知らしめた永遠の少年

取材・文／松下由美

斎藤工、松田聖子主演の『家族のレシピ』(18)が『TATSUMI マンガに革命を起こした男』(11)以来の日本での劇場公開となったエリック・クー。後進のプロデュース、近隣アジアの監督との共作と忙しいシンガポールの巨匠にお話を伺った。彼が幼少の頃から受けてきた影響が、どのように彼の作品に反映されているかの解読を試みたインタビューとなった。

母

シンガポールがマレーシアから独立した一九六五年に生まれたエリック・クー。自分の映画における最大の影響、そして理解者は母だったと語る。母はエリックにアーティストになってほしいと願い、惜しみなく画材などを与えた。

「母は週二、三回は映画館に通うシネフィルで、ぼくは子ども向けではない作品も見て育った。母からスーパー8を譲り受けた時、ストーリーを伝える刺激的な手段を手にしたと実感したんだ」

海外留学と言えば法律や工学などが一般的な東南アジアで、裕福な家庭だったとはいえ、映画学校で学べたのはかなり恵まれたケースだろう。新聞などにイラストを描いていたクーは、八〇年から短編映画を撮り始め、ホラーが好きだった母に『痛み』(94)を見せたところ「とてもいいけど、検閲に引っかかるでしょうね」と言われた。それはシンガポール国際映画祭で現実のものとなり、一般客への上映は行われなかった。しかし審査員の評価は高く、次回作の製作費を得られる賞が贈られた。

その後トロントなど国際映画祭で上映された『痛み』。クー自身が「ルイス・ブニュエル的」と評する白黒作品は、日常に潜む一見無害に見える人物による暴力衝動を描き、権力との関係をも炙り出す。デビュー作の完成を待たずに母は他界したが、賞金で得た制作費で撮った『ミーポック・マン』(95)はベルリンやヴェネチアで上映され、クーは母の意思を継いでアーティストとしての足がかりをつかんだ。

ホラー

『ミーポック・マン』が生まれたきっかけは、クーが九〇年代初期にザ・ストレイツ・タイムズ紙に描いていた四コマ漫画だった。この漫画に親近感を抱いてたミュージシャンで作家のデミアン・シンは、自身のホラー短編集の挿絵をクーに依頼した。短編集の中に、遺体安置所で働く男が恋をした遺体を家に持ち帰る「One last cold kiss」という一編があった。それがずっと気にかかっていたクーは、男の職業をミーポック(麺)屋に変えることを提案し、シンに執筆を依頼したところ、二週間後に完璧な脚本が完成した。クー曰く「トーンはホラーをまとってはいるが、真実の愛の映画」。シンは二〇一一年に薬物依存で夭逝したが、クーは十年毎に時代を切り取った長編五作目『部屋のなかで』(15)を彼に捧げている。

『ミーポック・マン』撮影時に
後列、左から２番目がクー

『ミーポック・マン』のあらすじを伝える際に、ネクロフィリアという表現を使うのは適切ではないだろう。ともにささやかな麺屋を営んでいた父親は亡くなり、気にかけてくれる人もいない男。自分の居場所と価値を見出せない娼婦。誰かを、愛を求める気持ちは普遍であり、男と娼婦の孤独な魂が共鳴した……。

運命を信じる

国産映画がほとんど作られていないシンガポールで、映画作家としての道を切り開くことは容易ではない。一人でシーンを背負うより、仲間を増やしたいという思いから、クーはプロデューサーとして動くようになる。これが後にロイストン・タンやブー・ジュンフォンといった才能の発掘と養成に繋がった。九七年にはシンガポールで初めて映画部門で褒賞され、映画製作支援の枠組みとなるシンガポール・フィルム・コミッションの設立にも尽力した。しかし『12階』(97)以来、自身の映画を撮っていない焦りが生まれていた。

映画のあるシーンはすでに浮かんでいた。一四歳の時に女の子と映画を見に行き、肘掛けで手が触れ合った時に電流が走ったという甥の話だ。そんな愛おしい瞬間を捉えたい……。新聞記者であり、脚本の共同執筆家のウォン・キム・ホー(『私のマジック』〈08〉、『家族のレシピ』でも脚本を担当)と、十代・中年・老年の恋愛と希望を描く映画のための構想を練り始めた。成就しようがしまいが、何歳になっても愛を求める、または愛されたいという気持ちはある。

〇三年の半ばにクーは結婚式に招かれ、テーブルを大勢で囲んだ。その中に全盲全聾の女性がおり、手のひらに文字を書く通訳と同席していた。彼女は快活で、楽しい人だった。クーが映画監督だと知ると、「希望がテーマの映画を作りなさい」と言った。クーが次回作の構想を考えはじめてからすでに二年が経っていた。そこでクーは返した。

「今まで見たことのない映画を作りたかった。そして心に訴えかける映画を」

「あなたが出演してくださるなら撮りますよ」

「決まりね！」

それからテレサ・チャンとクーの文通が始まった。クリスマスにはペンが同封されていた。「早く書き上げなさい」というメッセージだ。翌年三月、クーの誕生日を調べたテレサは時計を送ってきた。「時間が過ぎていく」というメッセージだ。

クーとキムは、老年カップルの部分をどう描くか悩んでいた。そんな二人を家に呼び、チャンは彼女の人生が綴られたファイルを手渡した。それを読み、彼女の存在が映画の核となった。彼女の類い希な人生そのものを盛り込み、彼女の心の内がわかるよう、そして国際的展開も視野に入れ、最初から字幕で声を表すことにした。「今まで見たことのない映画を作りたかった。そして心に訴えかける映画を。だから台詞は要らない」。無声映画を作りたかったキムとクーだが、類を見ないドラマとドキュメンタリーの融合である作品『一緒にいて』を誕生させた。撮影は〇四年に十二日間で行われた。

完成後にカンヌ映画祭の監督週間ディレクター（当時）、オリヴィエ・ペールに作品を見せる機会があった。ペールはアジア各国を訪れ作品を探していたが、気に入った作品はなく、最後の訪問地のシンガポールには何も期待をしていなかった。クーに対しても無関心な態度だったが、映画を見終わる前に興奮してやってきた。「この映画を監督週間のオープニング作品にほしい」と、人が変わって取り憑かれたようにクーに頼んできた。

一九年のカンヌの監督週間では、クーが三〇年来温めてきた原案の短編『Piece of Meat』（19未）が上映される。才能のあるアニメーターを起用し、世に出す機会にも繋がっている。

音楽とコミックと日本

姉が六人いたことで、女性の心の機微を読める術が備わったのではないかとクーは分析する。そして姉たちの影響でミシェル・ルグラン、フランシス・レイのサウンドトラックやバート・バカラックなどを聴いて育った。中でもクーのお気に入りはザ・ビーチ・ボーイズで、『一緒にいて』の脚本執筆のBGMはブライアン・ウィルソンのアルバム「スマイル」だった。

クーは兵役に就く前からすでにイラストレーターとして活動していた。ある時コミック本の依頼が来たが、軍隊生活に退屈していたクーはインスピレーションが湧かない日々を送っていた。そんな時にフィリップ・チア（映画祭のキュレーターとしても著名）から教えてもらったのが辰巳ヨシヒロ。大きな衝撃を受け、ニュー・オーダーを聴きながら読み耽った。辰巳の多大な影響は創作の糧となっており、『TATSUMI マンガに革命を起こした男』は辰巳への最大の賛辞だ。映画監督になりたかった辰巳とカンヌのレッドカーペットを歩き、やっと恩返しができ

『TATSUMI マンガに革命を起こした男』撮影時に
左から2番目が辰巳ヨシヒロ

たと感じた。

七歳の時に母親が連れて行ってくれたシンガポールの伊勢丹が、クーの日本との出会いだった。ウルトラマン、鉄腕アトム、ヤオハンもクーの思い出の一部である。無印良品の商品や畳といった四角形に日本の整然とした禅の美学を感じるというクー。

「黒澤明はストーリー運びの力強さとすべてのショットに意味がある、まさに巨匠だ。『羅生門』は古い概念を打ち砕いた映画」「成瀬巳喜男は人間臭く、醜い部分も描かれているところに共感する」「三池崇史は『ビジターQ』、そして何と言っても『殺し屋1』が素晴らしい」

他の音楽は姉たち仕込みだが、YMOや松田聖子といった日本の音楽を自分で発見し、魅了されていた少年時代のクー。幸運にも合作企画を持ちかけた『家族のレシピ』のプロデューサー橘豊が松田と知り合いで、クーは自身のアイドルと仕事をする機会を得た。

『家族のレシピ』は、人々が集い食事をしながら楽しい時間を過ごすというシンプルながらかけがえのない瞬間を大切に描いた映画だ。登場する料理は、クーが子どもの時から馴染んでいる数々のソウル・フードだ。

母と娘、父と息子、それぞれの確執と葛藤、それに折り合いをつけることと和解。これをシンガポールと日本というかつて侵略された側と加害の側の歴史を背景に描く。主人公が訪れる占領資料館まで足を運ぶ日本人観光客は多くはない。ここは一七年には改装に伴い、名称を旧フォード工場から昭南ギャラリーに変えると発表がされた。しかし日本軍がシンガポールを指した「昭南」を使うのは占領を肯定することになると国民から抗議の声が上がり、政府は改名を撤回した経緯がある。

「映画作りは一作ごとが新しい挑戦で、学び。常に成長しなければ過去の遺物になってしまう」。従来の映画作りは通用しなくなることを実感しているクーが、大御所の立場に甘んじることはない。HBOアジアのストリーミング製作に乗り出し、自身を含むアジア数ヶ国の監督たちと撮った怪談『Folklore』(18未)に続き、料理に関するオムニバス『Food Lore』(19未)を手がける。

マーベルといったアメリカン・コミックの大ファンでもあるクー。かつては2Dで読んでいたヒーローたちの映画が続々と作られる今の時代を楽しんでいる。四人の息子たちと一緒にヒーロー映画を見に行くこともある。彼が永遠の少年で居られる時間なのかもしれない。

作家論
エリック・クー

現代シンガポールの不安と矛盾を表現する巨匠

市山尚三

エリック・クー（邱金海）とともにシンガポール映画の歴史は始まった、と言っても過言ではないだろう。一九九五年、クーの最初の長編劇映画『ミーポック・マン』が登場した。それまで、外国人監督がシンガポールで撮影した映画は存在していたようであるが、シンガポール出身の監督の長編劇映画は恐らくこの作品が初めてであったと思われる。しかも、この『ミーポック・マン』は、ただ単に珍しい地域からの映画ということではなく、そのクオリティの高さにおいても世界を驚かせ、ベルリン国際映画祭フォーラム部門をはじめとする多くの国際映画祭で上映された。

主人公は「ミーポック」というシンガポール特有の麺を売る安食堂の店員。彼は店の常連客の娼婦に密かに恋心を抱いているが、その気持ちを打ち明けることもできない。ある日、娼婦が店の前で車に撥ねられ、意識を失うという事件が起こる。店員は娼婦をタクシーに乗せ、一度は病院に向かおうとするが、一転して一人暮らしの高層アパートの部屋に娼婦を連れ込む……。一人の男の捻じ曲がったラブストーリーと言える映画だが、当時の私を驚かせたのは、この映画が、私がシンガポールを訪れた時に感じた奇妙な印象をそのまま表現していたことである。私は一九八九年に撮影のために一ヶ月近くシンガポールに滞在したが、街が不自然なまでにクリーンであることに驚いた。どこの都市にも人が暮らしているという雰囲気は存在するはずだが、シンガポールでその感覚を感じさせる場所は非常に限られている。古い店舗が並ぶ「チャイナタウン」という地区は存在するが、それは観光客のために申し訳程度に残されたところで、多くの住宅地は高層アパートに作り替えられたと聞いた。そのクリーンさの陰で、何かただならぬことが密かに進行しているのではないか、という不安感を当時感じたものだったが、『ミーポック・マン』はまさにそのような不安感を体現した映画であった。

エリック・クーは一九六五年、シンガポール生まれ。オーストラリアのシティ・アート・インスティテュートで映画を学んだ。短編映画を多く監督した後、前述した『ミーポック・マン』で長編デビュー。カンヌ映画祭「ある視点」部門で上映されたクーの監督第二作『12階』(97)もまた高層アパートを舞台とする作品だが、こちらはコメディ・タッチで12階に住む幾つかの家族の人間模様を描いた楽しい作品だ。ただ、映画は12階に住んでいた青年が飛び降り自殺をする場面から始まり、その後の多くの場面がこの青年の亡霊の視点から描かれている。つまり、賑やかに食卓を囲む家族の背後に、頭から血を流したままの青年の亡霊が立っている、という具合だ。そして、クーの国際映画祭での名声を決定づけたのが、カンヌ映画祭「監督週間」のオープニングを飾った『一緒にいて』(05)だ。この作品も、会社をクビになった警備員、レズビアンの女性、聾唖で盲目の老婆、病床の妻を介護する老人、等々複数の登場人物が交錯する群像劇だが、再度飛び降り自殺が扱われていることを除いては前二作にあったブラックな要素は影を潜め、社会的弱者たちを暖かく見つめる作品に仕上がっている。監督第三作というキャリアにおいて既に老いや死をこのような形で表現するとは、ただものではない。

二〇〇六年に撮られた短編が、クーのフィルモグラフィーの中でも白眉と言うべきものだと私は思っている。『No Day Off』(06未)と題するこの作品は韓国・全州(チョンジュ)映画祭の委嘱で作られたもので、シンガポールで暮らす一人のフィリピン人メイドの物語を三部構成で描く。第一部では、メイドは非常に裕福な中国人夫婦の家で働いている。この夫婦は流暢な英語を喋り、時には夫婦間でも英語で会話している。画面はひたすら主人公のメイドをとらえ、夫婦は声だけしか聞こえない。このエピソードではメイドはほとんど人間的に扱われない。観客は何かと夫婦に理不尽に罵倒され、それでも口答えもせずに涙をこらえながらひたすら謝罪するメイドの姿を目にすることになる。第二部では、この夫婦が米国に移住し、メイドは高層アパートに住む、より庶民的な家庭に勤め始める。『12階』と同様、この家族は自分たちの間では広東語で会話している。ここではメイドは多少まともに扱われているが、それはあくまで雇用者

© Zhao Wei Films 2005

『一緒にいて』

と主人の関係を越えるものではない。第三部でメイドは年老いたインド人夫婦のもとで働いている。この夫婦はより狭いアパートで暮らしており、夫の方は寝たきりに近い状態である。そしてここにおいて初めて、メイドは人間的な扱いを受けるのである。三〇分という限られた時間の中、シンガポールに存在する社会階層をシャープな演出で描いた傑作である。

その後のクーは、多作とは言えないもののコンスタントに作品を発表し、そのほとんどは国際映画祭で大きな成功を収めている。カンヌ映画祭コンペティションに選ばれた『私のマジック』(08)はインド人マジシャンの父子を主人公とするもので、社会的弱者を描くという点で『一緒にいて』と同系統と言えるが、そのマジシャンが割れたガラスを敷き詰めた上に横たわるという痛々しいシーンでは、カンヌ映画祭で上映中に観客から悲鳴が起こった。また、辰巳ヨシヒロの劇画をアニメ化した『TATSUMI マンガに革命を起こした男』(11)、斎藤工を主演に起用した『家族のレシピ』(18)のように、日本と関係の深い作品も撮っている。さらに、監督としての活動に加え、ロイストン・タン監督の『4:30』(05)、ブー・ジュンフォン監督の『Sandcastle』(10)をプロデュースするなど、自国の若手映画監督の育成という意味でシンガポール映画界に貢献している。

リティ・パン
『飼育』

リティ・パン
Rithy Panh

1964年、プノンペン生まれ。ポル・ポト時代に両親を殺されるが、自身はフランスに移り、パリの高等映画学院で学ぶ。89年に『サイト2：国境周辺にて』でデビュー。代表作に『消えた画 クメール・ルージュの真実』(13)など。

[DATA]
『飼育』
英題：Shiiku　原題：Gibier d'Elevage
フランス、カンボジア／2011年／カラー／93分／カンボジア語、英語
監督：リティ・パン／製作：カトリーヌ・デュサール／音響：ミリアム・ルネ、シアー・ヴィッサル／撮影監督：プレム・メザール／編集：マリー・クリスティーヌ・ルージュリー
出演：パイロット：シリル・ゲイ／シエト：スアム・チュアム／ネイ：プローチ・チュアム／ポン：チェム・チュオプ
東京国際映画祭 アジアの風部門（2011年）

あらすじ 1972年のカンボジアの村。隣国ベトナムはアメリカとの戦争の真っ只中で、空爆に向かう米軍ジェット機が轟音を残して上空を通り過ぎていく。ある日、国境近くで爆撃機が墜落し、黒人パイロットが捕えられる。牢につながれたパイロットは、クメール・ルージュの共産主義思想に洗脳されかけている少年ポンとその仲間たちによって監視される。少年たちにとってパイロットは人間ではなく、"飼育"の必要な動物にすぎない。やがてパイロットは見張りの目を盗んで逃げようとするが失敗。そして事件が起こる……。

作品解説 カンボジアを代表する映画作家、リティ・パンは、ポル・ポト時代に両親を殺されるが自身はフランスに逃れた経験を持つ。近作の『消えた画 クメール・ルージュの真実』(13)や『名前のない墓』(18)にはそうした体験が描かれている。『飼育』はパンとしては珍しい劇映画で、大江健三郎の芥川賞受賞作「飼育」をクメール・ルージュの支配が進む1972年のカンボジア社会に置換・翻案するという大胆な発想が際立っている。原作どおりに日本の山村を舞台にした大島渚監督の『飼育』(61)と比較すると興味深い。

インタビュー
リティ・パン『飼育』

自らの体験を反映させ映画化した、カンボジア版『飼育』

取材・文／田中千世子

©2011 TIFF
シリル・ゲイ（左）、リティ・パン監督（中央）、ミシェル・フェスレー（右）

二〇一一年一〇月、リティ・パン監督の『飼育』が第24回東京国際映画祭で上映された。本稿は、その際に来日したリティ・パン監督、主演のシリル・ゲイと脚本を担当したミシェル・フェスレーにインタビューしたものである。

カンボジア国内で一〇〇万人以上の死者を出したクメール・ルージュ（カンボジア共産党、一九九九年頃解散）。子供時代にその恐怖を体験したリティ・パン監督にとって大江健三郎の原作「飼育」は、一九七二年のカンボジアの村の子供たちを物語るために不可欠だった。原作は日本の山村が舞台で、時代は第二次大戦中だが、共通するのは村にアメリカの戦闘機が墜落し、乗っていた兵士が村の捕虜になることと、少年の目を通してそれが描かれる点である。

――主人公のポン少年は監督の分身ですか？

リティ・パン（以下RP） いえ、私は町に住んでいたのでポンとは違います。でもいとこが農村にいて、アメリカ軍の爆撃を受けたという話を聞いていましたし、村でクメール・ルージュの兵士たちを多く見るようになったとも聞きました。クメール・ルージュはもともと革命を成し遂げようと思っていた。平等な社会を作ろうとしていた。それがなぜあれほど暴力的になっていったのか。子供たちをどんどん教化し、子供たちの方も教化されていった。そのことを描きたいとずっと考えていた時に大江健三郎の小説に出会

「クメール・ルージュは子供たちを教化していった。そのことを描きたかった」

ったのです。大江健三郎は「飼育」だけでなく、反戦思想についても大変興味がある作家です。

——大島渚監督の映画化した『飼育』(61)は?

RP 見ていません。大島の映画は『愛のコリーダ』(76)や『戦場のメリークリスマス』(83)、『青春残酷物語』(60)を見ているのですが……。

——子供たちはどのようにキャスティングして撮影に向けて準備していったのですか?

RP まず、撮影にふさわしいカンボジアの村を見つけました。それから町の学校、子供用のダンス・スクールなどで子供たちを探したのですが、いい結果が出なかったので、村で探すことにしました。農村の子供たちは学校に行っていないので、脚本を渡しても文字が読めません。セリフは口うつしで覚えさせました。本撮影に入る前にテスト的に短いシークエンスの撮影をして子供たちの様子を見ました。みな素晴らしい子供たちです。学校に行って勉強する機会が与えられれば、将来さまざまな仕事につくことができるのに、本当に残念です。子供たちはアメリカ軍パイロットを演じたシリル・ゲイともいい関係を持ったと思いますよ。シリルに訊いてみましょう。

シリル・ゲイ 今までの経験では子供というのは要求された通りにきちんと演技できる子とそうでない子に分かれるものですが、村の子供たちはテレビも映画も見たことがないので、とても自然で人間的でしたね。

©2011 TIFF

——フィクションと現実を混同する子はいませんでしたか?

RP いいえ。彼らは一二、三歳なので戦争のことは知りませんが、自分たちの日常を演じればいい。たとえば川で水をせきとめて掻い出し、魚を素手で捕まえ

るとか。そういったことは町の子にはできませんからね。

――ポンはだんだん暴力的になり、子供たちのあいだで権力を持つようになりますが、演じた少年がそんな風に変化したりは?

RP　そうはなりませんでした。ポン役の少年は優しい子でした。カニを捕ってくると、みんなに分けていました。農民はそんな風に自分のものを分け与えるものです。少年は休憩時間はよく笑い、本番になるとすぐ気持ちを切り替えてポンを演じていました。

――この映画のラストは原作を離れて、ポン少年がクメール・ルージュの兵士たちと出発する光景が描かれます。少年の旅立ちというシンボリックな印象を受けますが……。

RP　時代は七二年でした。そのことが重要です。七八年に起きた大虐殺の予感はまだありません。クメール・ルージュはそれほど暴力的にはなっていませんでした。そして革命は正義だと少年は思っています。ただ、そのことを予感させる出来事は映画の中で描いたつもりです。ジャガイモを蓄えていた若い夫婦がジャガイモを取り上げられ、自己批判をさせられる場面がそれです。また、祖母は少年に口を利かなくなる。祖母はクメール・ルージュがやがて暴力的になることを知っていたのですね。しかし、少年は純粋に正義を信じていたのです。

――子供の頃、監督はリハビリテーション・キャンプでクメール・ルージュの再教育を受けますが、家がブルジョワ家庭だったからですか?

RP　というよりインテリの家だったからでしょう。多くのインテリ家庭がそうした目にあいました。

――一五歳でそこを逃亡するまで、一番辛かったのは?

RP　死と隣り合わせの毎日を送ったことです。一九七二年から七五年までは戦争による死の恐怖、七五年から七八年まではクメール・ルージュによる死の恐怖がありました。

　祖国を脱出した後、フランスに到着したパン監督は国立映画学校で学び、ドキュメンタリーで多くの受賞をする。インタビューの終わり近くに脚本家のミシェル・フェスレーがやってきたので脚本作りについて質問。

ミシェル・フェスレー　脚本を書く前に監督とよく話し合いましたし、まずふたりで大江健三郎の原作を読みこんでいきました。深く、丁寧に読んでいったのです。意味をよく考えながら。そして互いに十分話し合いました。脚本は一緒に書いていきました。それぞれ別に書くというやり方ではなく、本当に一緒に書いていったのです。

※本稿は2011年10月25日掲載の第24回東京国際映画祭公式インタビュー
http://2011.tiff-jp.net/news/ja/?p=3137（映画祭公式ウェブサイト）を転載したものである。

作家論 リティ・パン

カンボジアの虐殺を題材に映画文法を刷新する

市山尚三

リティ・パンが最初に日本の観客に紹介されたのは、一九九四年、建都一二〇〇年を記念してこの年に限り京都で開催された東京国際映画祭「アジア秀作映画週間」で長編劇映画デビュー作『米に生きる人々』が上映された時である。マレーシアの小説をカンボジアに置き換えて映画化したこの作品は、初長編劇映画でいきなりカンヌ映画祭のコンペティションに選ばれるという栄誉を担った。この作品の上映に際し、パンは初めて日本を訪れたのであるが、そこで観客に強烈な印象を残したのは、映画祭期間中に開催された国際共同製作をテーマとするシンポジウムで彼が語った自分史であった。後に彼のこれまでの最高の作品と言っていい『消えた画 クメール・ルージュの真実』(13)で直接語られることになるその自分史は、ややざわわしていたシンポジウムの会場を水を打ったように静まりかえらせた。

一九六四年にプノンペンで生まれたパンは、ポル・ポト政権下の虐殺で両親や多くの親族を失い、七九年に国境を越えてタイの難民キャンプに避難。その後、フランスに移住し、高等映画学院で学び、八九年にタイ、カンボジア国境の難民キャンプの人々を扱った長編ドキュメンタリー映画『サイト2：国境周辺にて』でデビュー。『米に生きる人々』の後は劇映画とドキュメンタリーの双方を監督しているが、その後の作品で確実に劇映画と言えるものはポル・ポト政権崩壊後のプノンペンを舞台に若い兵士とホステスの悲恋を描いた『戦争の後の美しい夕べ』(98)、マルグリット・デュラスの原作をイザベル・ユペール主演で映画化した『太平洋の防波堤』(08)、大江健三郎の原作をカンボジアに置き換えて映画化した『飼育』(11)の三本のみ。フィルモグラフィーの大半を占めるドキュメンタリー作品は、国を横断する光ファイバー敷設工事に従事する労働者たちを描いた『さすらう者たちの地』(00)、焼失した劇場の跡地に住み着き、活動を再開させようとする俳優たちを描いた『焼けた劇場の芸術家たち』(05)、プノンペンで娼婦として働く女性たちを描いた『紙は余燼を包めない』(06)など、そのほとんどが内戦が人々に与えた傷を様々な角度から扱ったものである。その中でも特に強烈な印象を残すのが政治犯収容所を扱った『S21 クメール・ルージュの虐殺者たち』(03)だ。この作品の白眉は、拷問が行われた収容所跡でかつての看守と政治犯が二五年の時を経て再会するシーンである。後に『アクト・オブ・キリング』(12)でジョシュア・オッペンハイマーが採用した方法を先取りしたとも言えるが、その瞬間の異様な緊張感という点では明らかに『S21』に軍配が上がるだろう。

この作品などが持つ生々しさに比べると、自らの体験を土人形と当時の資料映像で再現した『消えた画』には、例えばパンの少年時代の夢が宇宙飛行士だったことを表現するシーン、あるいはポル・ポト以前の街並みを土人形によるジオラマを使って再現したラストシーンのように、幾分ファンタジーのような趣が漂っている。だが、だからこそ、過酷な現実の悲惨さが浮き彫りにされる。そして、それらの作品が結実したのが、自らの体験を投影したような少年の孤独な生活を幻想を交えて描いた映像詩『エグジール』(16)である。ポル・ポト時代の虐殺の犠牲者たちの遺骨がいまだに発見されつつあるという事態を描いた『名前のない墓』(18)は比較的古典的なドキュメンタリーの体裁に戻っているが、パン本人が家族たちの遺骨の眠る場所を捜す様子も登場し、客観的な視点からとらえられていた初期のドキュメンタリー作品とはやや異なる様相を見せている。この原稿を書いている現在、パンは日本に滞在し、広島と長崎の原爆投下を扱った作品のリサーチを行っている。数年後に見ることのできるであろうこの作品がどのようなものになるか、今から楽しみで仕方がない。

最後に、パンがカンボジア映画界の建設のために精力的に活動していることにも触れておきたい。パンは二〇〇六年にS21収容所で処刑された女性の名前を冠した「ボパナ視聴覚リソースセンター」を設立。同センターは、アーカイブ映像の収集・保存、クラシック作品やインディペンデント映画の上映、カンボジア国際映画祭の開催、さらには若手映画人の育成など、カンボジアの映像文化に貢献している。

カミラ・アンディニ
『見えるもの、見えざるもの』

カミラ・アンディニ
Kamila Andini
1986年、ガリン・ヌグロホ監督の長女としてジャカルタに生まれる。『鏡は嘘をつかない』(11)で長編デビューし、東京国際映画祭でTOYOTA Earth Grand Prixを受賞。長編第２作『見えるもの、見えざるもの』で東京フィルメックス最優秀作品賞を受賞。

［DATA］
『見えるもの、見えざるもの』
英題／原題：The Seen and Unseen
インドネシア、オランダ、オーストラリア、カタール／2017年／カラー／86分／インドネシア語
監督：カミラ・アンディニ／製作：ギタ・ファラ、イファ・イスファンシャー、製作総指揮：ガリン・ヌグロホ、トリスノ、アンギ・フリスカ、フィダ・シルフィア、レトノ・ヤティ・ダマヤンティ、エバ・セバ、森永泰弘
出演：タントリ：ニ・カデク・タリ・ティティ・カシー／タントラ：イダバグス・ブトゥ・ラディティヤ・マヒジャセナ
トロント国際映画祭 プラットフォーム部門(2017年)

あらすじ 10歳の少女タントリは、脳障害で病院のベッドに眠る双子の弟タントラに寄り添っているが、弟の余命が短いことも知っている。弟と一緒に過ごせる時間はあと僅かなのだ。死を身近に感じているタントリの精神は真夜中に解放される。タントラもかつての元気な姿で起き上がり、姉弟は月の光を浴びて踊る。タントリは現実と幻想、喪失と希望を同時に体験しながら、夜ごと弟とのダンスを繰り返していくが、やがてそれも最後のときを迎える。

作品解説 『鏡は嘘をつかない』(11)で鮮烈なデビューを飾ったカミラ・アンディニの長編第2作。アンディニはガリン・ヌグロホ監督の長女で、夫のイファ・イスファンシャーも映画監督という映画一家の一翼を担う存在である。本作は死の床にある双子の弟に寄り添う姉の心象風景を幻想的に描き、『鏡は嘘をつかない』にもまして、アンディニの映像美学がくっきりと刻印された作品に仕上がっている。『サタンジャワ』でヌグロホと組んだサウンドデザイナー、森永泰弘が本作の音楽・音響を担当し、現実と幻想が混合する物語をサウンド面で支えている。

作家論 カミラ・アンディニ

女性の視点から自然と伝統文化を描く

石坂健治

映画産業が低迷して底を打った二〇世紀末のインドネシアでは、同時期にスハルト独裁政権の終焉が重なり、次の時代への希望が細々と芽吹いていた。それは女性映画人の台頭にほかならない。やがて『囁く砂』(01) のナン・アハナス、『アリサン!』(03) のニア・ディナタらが先駆的な活躍をみせるなか、モーリー・スリヤとカミラ・アンディニという一九八〇年代生まれの二人の女性監督が登場し、インドネシア映画の飛躍に貢献している。二〇一七年の東京フィルメックスで前者の『マルリナの明日』(17) と後者の『見えるもの、見えざるもの』(17) がグランプリを同時受賞したことはその証左であり、本国でも大きく報道された。ここでは一方の旗手であるアンディニについて概説する。

巨匠ガリン・ヌグロホを父に持ち、芸術・芸能に携わる人々の中で育ったアンディニは、早くから映画に親しむ環境にあったが、女性映画人の台頭を自明のものとして受け入れて創作を開始した世代でもあることを、一六年の東京国際映画祭で語っている。

「私は当時高校生でしたが、そのときの映画人に、ここにいるニア・ディナタ、ミラ・レスマナ(プロデューサー)、そしてナン・アハナスといった女性たちがいました。つまり、女性がインドネシアの映画産業を再び目覚めさせたんです。そうした流れ(実際に活躍している女性たち)を見ていたので、女なのに映画が作れるだろうか、女なのに監督になれるだろうかという疑問は全くありませんでした」(シンポジウム「インドネシア未来図〜女性映画人は語る」)

こうしてアンディニは『鏡は嘘をつかない』(11) で鮮烈なデビューを飾る。スラウェシ島東南部、ワカトビの美しい海域を舞台に、海に出たまま戻らぬ父の帰還を待つ一〇歳の少女パキスを主人公に据えた本作は、「バジョ族が失せ物を探したり、人を探す際に用いる文化的な道具」（監督）であると同時に少女の成長とも結びつく「鏡」を随所で効果的に使用し、父の「不在」という物語の核心を補強することに成功している。本作に先立つ短編群でもアンディニはいわゆるネイチャー・ドキュメンタリー的な表現を得意としてきたし、本作も自然保護をテーマにした秀作に贈られる「TOYOTA Earth Grand Prix」を東京国際映画祭で受賞している。だが、この初長編はそうしたメッセージ的な強さやビジュアル面での圧倒的な美しさに加え、父の不在と少女の成長をめぐる物語が、ときにシュールな場面を挿みながら、父ヌグロホも顔負けの美学的な強度をもって提示されていることが最大の特徴だろう。なお、少女が父の遭難＝死という事実を認める契機となるのは、テレビで皆と一緒に東日本大震災の津波に襲われる海辺の被害の光景を目にすることであり、われわれ日本人にとっても胸の痛みとともに忘れ難い印象を残す。

『見えるもの、見えざるもの』

東京フィルメックスで受賞した長編第二作『見えるもの、見えざるもの』もまた一〇歳の少女タントリが主人公で、こちらはバリ島の伝承をもとにした幻想的な物語である。脳障害で病院のベッドに眠る双子の弟タントラに寄り添っている姉のタントリは弟の余命が短いことを知っているが、その精神は真夜中に解放される。タントリは現実と幻想、喪失と再生を同時に体験しながら、夜ごと弟とのダンスを繰り返していく。バリの風景は前作に匹敵する美しさと幻想的な妖しさで迫ってくるが、現実面では眠り続けて意識のない弟という「不在」「喪失」のテーマが現れ、少女が自身の幻想世界の中でそれと格闘しながら成長し現実を受け入れていくという、前作と本作に共通する希望の理念を見てとることができる。

なお、長編二本の間に作られた中編『ディアナを見つめて』（15）は、夫が第二夫人を持つと宣言したことから家族が揺れていくありようを妻の視点から冷徹に描き、インドネシア社会の一夫多妻制にはっきりと「ＮＯ」を突き付けるアクチュアルな問題作で、アンディニのもう一つの個性がうかがえる。

東南アジアの次世代巨匠たち

ナワポン・タムロンラタナリット

『ダイ・トゥモロー』

©Asian Shadows

ナワポン・タムロンラタナリット
Nawapol Thamrongrattanarit

1984年、バンコク生まれ。長編デビュー作『36のシーン』(12)で釜山国際映画祭New Currents賞を受賞。アピチャッポンに続く世代の注目株と目されている。『マリー・イズ・ハッピー』(13)、『BNK48: Girls Don't Cry』(18)など。

[DATA]
『ダイ・トゥモロー』
英題/原題:Die Tomorrow
タイ/2017年/カラー/75分/タイ語
監督、脚本:ナワポン・タムロンラタナリット/撮影監督:ニラモン・ロス/音楽:トーンター・ジッディー、ポックポーン・ジッディー
出演:パッチャー・プーンピリヤ/チュティモン・ジョンジャルーンスックジン/モーラコット・リウ
ベルリン国際映画祭 フォーラム部門(2018年)

あらすじ 2012～17年の間にニュースや身の回りで聞いた話など監督の記憶に基づき、普通の人々が死を迎える前日のエピソードをオムニバス形式で描く。それぞれの断章は、過去のナワポン作品に出演した俳優たちが演じるフィクションの部分と、市井の人々がインタビューに応える部分が混成されて進行する。死を恐れる子どもたち、他愛もないガーリー・トークを続ける女子高生たち、洗濯ものを干すカップル、株式市場で急死するディーラーなど。ときおり字幕画面で死にまつわるデータが表示される。

作品解説 タイ映画界におけるポスト・アピチャッポン世代の一番手と目されるナワポンは、日常のものごとを少しだけ角度を変えてユニークな映画にしてしまう、新しい感覚を持つ作家である。『ダイ・トゥモロー』は「人生の最後の1日は、ごくごく普通の1日でありがち」という監督の認識をもとに、普通の人々が過ごす死の前日のエピソードを俳優が演じるフィクションの部分と、死について人々に問うインタビューの部分に分かれ、ナワポンのセンスの良い映像構成力を感じることができる。

作家論
ナワポン・タムロンラタナリット

若者文化を通して虚実の間、映画とは何かを表現

石坂健治

近年のタイ映画を概観すると、二〇世紀末から今世紀初頭にかけて、ノンスィー・ニミブット『ナンナーク』(99)、ペンエーグ・ラッタナルアーン『地球で最後のふたり』(03)、それにトニー・ジャーやジージャー・ヤニンといったアクション・スターも登場して〝タイ映画ルネッサンス〟が興隆。さらにアピチャッポン・ウィーラセタクンが『ブンミおじさんの森』(10)でタイ初のカンヌ映画祭パルムドールを受賞して盛り上がったが、その後は軍政下の政情不安もあって、クリエーターたちにとっては厳しい時代が続いている。そんななかでポスト・アピチャッポン世代を代表する作家と目されているのがナワポン・タムロンラタナリットである。長編デビュー作『36のシーン』(12)から『BNK48：Girls Don't Cry』(18)まで、従来の映画観にとらわれない新鮮な感性に満ちた諸作品は世界的にも注目の的となっており、いまやヨーロッパや日本の国際映画祭では入選の常連作家となっている。

『36のシーン』では、同じ映画製作会社で働くロケーション・スカウト(ロケハン係)の男とアート・ディレクター(美術監督)の女の恋の顛末が描かれる。物語自体はなんの変哲もない淡々としたラブストーリーなのだが、「1」から「36」までのタイトルが出て、そのあと各場面が長回しのシークエンス・ショットで連結されていく構造が、〝映画を撮っている人たちの映画〟というメタ映画的な内容と相まって強烈に異化効果を感じさせる。そのなかで、男がパソコン内に撮りためていた大量のロケハンの写真が(彼女の姿が写っているものを含めて)すべて消失するという痛々しいエピソードが挿入される。映画にとって「構造」とは何か？　そして「記録」と「記憶」はいかに描かれるべきか？　――こ

の瞠目すべきデビュー作にはその後の作品で展開されるナワポン的命題が早くも顔を出している。

日本では第二作『マリー・イズ・ハッピー』(13)のほうが先に紹介されたのだが、ここではさらに新しい感覚が披露されている。これまた物語としては、女子高校生が卒業を迎えるまでの日々をダラダラと過ごすさまを捉えた何の変哲もない学園ものなのだが、間断なくずっと鳴っているユルい劇伴音楽とも相まって、この弛緩したダラダラ感がたまらなく魅力的で愛おしい。さらに特徴的なのは、マリーが友人と通信を交わすごとに、次々と画面を埋め尽くしては消えていく四〇〇通を超えるツイッターの文字とともに物語が進行していく構造そのもので、点滅する記録と記憶の渦に飲み込まれた観客は、青春の一期一会の輝きを登場人物らと共有することになる。

VHSの時代にまだ観ぬ世界の映画を収集・レンタルしていた伝説の海賊版ビデオ店とその店長について、いまや第一線で活躍する映画人たちが回想する第三作『あの店長』(14)あたりから、ナワポン作品では多くの登場人物がインタビューに応じて語るドキュメンタリー的な要素が強まっている。人気アイドル・グループの主要メンバーにインタビューした『BNK48 : Girls Don't Cry』も同種の構造で、ファンが期待するアイドルの虚像とは正反対の実像、すなわちメンバー間での熾烈な競争に疲れた少女たちの泣き顔ばかりが連続していくという、アイドル映画の常識からかけ離れた驚くべき記録映像となっている。

『ダイ・トゥモロー』(17)もまた虚実入り交じったインタビューの集積から成っているが、普通の人々が過ごす死の前日のエピソードを俳優が演じるフィクションの部分と、死について人々に問うドキュメンタリーの部分が目まぐるしく分節化されて進行する。これまでナワポンがこだわってきた記録や記憶といったテーマの発展形として「死」というイコンが登場しているのが興味深い。しかも決して恐怖や絶望の表象ではなく、「人生の最後の一日は、ごくごく普通の一日でありがち」(監督)というテーゼとともに死が平常心で語られる点に、ナワポン的命題の新たな展開の萌芽を感じる。

『ダイ・トゥモロー』

三面鏡

『アジア三面鏡2016：リフレクションズ』

作品解説

国際交流基金アジアセンターと東京国際映画祭が共同製作する「アジア三面鏡」プロジェクトの第一弾作品。日本を含むアジアの三監督が同一のテーマ「アジアで共に生きる」を共有し、自国の外でも制作を行って、三話オムニバス形式の作品が完成した。ブリランテ・メンドーサは北海道・帯広で、行定勲はマレーシア・ペナン島でそれぞれ撮影を行い、ソト・クォーリーカーは東京での調査・取材を経てカンボジア・プノンペンでの撮影となった。全編を通じて日本とカンボジア、フィリピン、マレーシアの各国間を行きかう人々の姿がいきいきと捉えられている。

[DATA]
『アジア三面鏡2016：リフレクションズ』
英題：Asian Three-Fold Mirror 2016: Reflections
原題：アジア三面鏡2016：リフレクションズ
日本／2016年／カラー／118分／日本語、英語、タガログ語、パンパンガ語、マレー語、クメール語
製作：国際交流基金アジアセンター、ユニジャパン（東京国際映画祭）／特別協賛：IMAGICA／統括プロデューサー：久松猛朗
東京国際映画祭（2016年）

第1話

SHINIUMA *Dead Horse*

あらすじ 帯広の牧場で働くフィリピン人マニーは不法滞在者として捕まり本国へ強制送還される。だが故郷の村には家族もおらず、泊まる所のない彼は競馬場の厩舎に潜り込む。

[DATA]
『SHINIUMA *Dead Horse*』
英題／原題：SHINIUMA *Dead Horse*
日本／2016年／カラー／34分／日本語、タガログ語、パンパンガ語
監督：ブリランテ・メンドーサ／プロデューサー：ロレト・ラリー・カスティリョ／脚本：トロイ・エスピリトゥ／撮影：ジョシュア・レイレス、レイモンド・リバイ・グティエレス
出演：マーシャル（マニー）：ルー・ヴェローソ

ブリランテ・メンドーサ
Brillante Ma Mendoza
p.44を参照

第3話
Beyond The Bridge

あらすじ 1994年、破壊されていたプノンペンの「日本橋」が新たに完成した。修復に携わった日本企業の社長・福田の胸に、カンボジアで過ごした青春の日々がよみがえる。

[DATA]
『Beyond The Bridge』
英題／原題:Beyond The Bridge
日本／2016年／カラー／40分／日本語、英語、クメール語
監督、脚本:ソト・クォーリーカー／プロデューサー:ニック・レイ／脚本:イアン・マスターズ／撮影監督:ジョヴァンニ・C・ロルッソ／音楽:クリストファー・エルヴェス、福岡ユタカ
出演:福田:加藤雅也、ミリア:チュムヴァン・ソダチヴィー、福田の父親:重松収

ソト・クォーリーカー
Sotho Kulikar
1973年、プノンペン生まれ。ポル・ポト時代に父を殺される。イギリス留学、アメリカ映画『トゥームレイダー』(01)のライン・プロデューサーを経て、監督デビュー作『シアター・プノンペン』(14)で東京国際映画祭「アジアの未来」部門国際交流基金アジアセンター特別賞を受賞。

第2話
鳩 Pigeon

あらすじ ペナン島でヘルパーたちに付き添われて暮らす田中道三郎は、屋上の厩舎で鳩を飼っている。冷淡な息子は日本から月に一度、父親の様子を見に来るだけ。新しいヘルパーのヤスミンと道三郎はトラブルの果てに心を通わせる。

[DATA]
『鳩 Pigeon』
英題:Pigeon　**原題**:鳩 Pigeon
日本／2016年／カラー／40分／日本語、英語、マレー語
監督、脚本:行定勲／プロデューサー:古賀俊輔、ウー・ミンジン、エドモンド・ヨウ／撮影:今井孝博
出演:田中道三郎:津川雅彦、ヤスミン:シャリファ・アマニ、田中雅夫:永瀬正敏

行定勲
Yukisada Isao
1968年、熊本県生まれ。97年に監督としてデビュー以来、『GO』(01)、『世界の中心で、愛をさけぶ』(04)から『ナラタージュ』(17)、『リバーズ・エッジ』(18)まで、日本映画界を代表する監督の一人として活躍。くまもと復興映画祭ディレクターも務める。

三面鏡

『アジア三面鏡2018：Journey』

作品解説

「アジア三面鏡」の第二弾は、三人の若手監督が「旅」をテーマに競作。内モンゴル出身のデグナー「海」は、母と娘が北京から海をめざす旅の車中で口論を続け、その果てに関係の変化が兆すさまを見つめる。ミャンマー・ヤンゴンを舞台にした松永大司「碧朱」は、鉄道整備事業に派遣された日本人商社マンが一人の少女と出会い、自分の仕事に疑問を持ちはじめる。インドネシアのエドウィン「第三の変数」は、倦怠気味の夫婦が東京旅行で謎の民宿オーナーと出会い、化学反応のように関係が変化していく。全編の音楽を、ホウ・シャオシェン（侯孝賢）やジャ・ジャンクー（賈樟柯）の作品でお馴染みの作曲家リン・チャン（林強）が担当している。

[DATA]
『アジア三面鏡2018：Journey』
英題：Asian Three-Fold Mirror 2018: Journey
原題：アジア三面鏡2018：Journey
日本／2018年／カラー／83分／日本語、英語、中国語、ビルマ語、インドネシア語
製作：国際交流基金アジアセンター、ユニジャパン（東京国際映画祭）／統括プロデューサー：井関惺／プロデューサー：伏見朋子／音楽：リン・チャン
東京国際映画祭（2018年）

第1話

海

あらすじ 北京から海へ向かう車中の母と娘。不動産ビジネスに忙しい母と、父が亡くなって寂しい娘の間の確執が浮き彫りになる。やがて２人は終着点の海辺に到着する。

[DATA]
『海』
英題：The Sea　原題：海
日本／2018年／カラー／24分／中国語
監督、脚本、プロデューサー：デグナー／撮影、編集：マー・サイ／撮影：ムー・チェンルン／音楽：リン・チャン
出演：母：チェン・ジン、娘：ゴン・チェ、叔母：トゥ・メン、ケンジ：ニコラス・サプットゥラ

デグナー（徳格娜）
Degena Yun
1984年、内モンゴル生まれ。英国留学ののち、北京電影学院大学院監督コースに学ぶ。同大学院の修了制作である『告別』(15)で東京国際映画祭「アジアの未来」部門国際交流基金アジアセンター特別賞を受賞。

第3話
第三の変数

あらすじ 東京旅行にやってきたインドネシア人夫婦のセカールとエディは倦怠気味。民宿のオーナー、ケンジがセカールの元恋人ジャティに瓜二つなので驚くが、ケンジの介入で夫婦の関係に変化が生じていく。

[DATA]
『第三の変数』
英題／原題:Variable No.3
日本／2018年／カラー／26分／日本語、インドネシア語
監督、編集:エドウィン／プロデューサー:メイスク・タウリシア、ムハンマド・ザイディ／共同プロデューサー:ブライアン・古保／脚本:プリマ・ルスディ／撮影監督:芦澤明子
出演:セカール:アグニ・プラティスタ、エディ:オカ・アンタラ、ケンジ:ニコラス・サプットゥラ

エドウィン
Edwin

1978年、スラバヤ生まれ。短編作家として注目され、『空を飛びたい盲目のブタ』(08) で長編デビュー。第2作『動物園からのポストカード』(12) はベルリン国際映画祭コンペ部門に入選。『ひとりじめ』(17) が大ヒットを記録した。

第2話
碧朱

あらすじ ヤンゴンの環状列車をスピードアップさせるため、日本から派遣された商社マンの鈴木。伝統衣装ロンジーの店で少女スースーと出会い、近代化を促す自らの任務に疑問を感じ始める。

[DATA]
『碧朱』
英題:Hekishu　原題:碧朱
日本／2018年／カラー／30分／日本語、ビルマ語、英語
監督、脚本:松永大司／プロデューサー:伏見朋子／共同プロデューサー:トゥートゥーシェイン、タイディ／撮影:高詩熠／音楽:リン・チャン
出演:鈴木:長谷川博己、スースー:ナンダーミャッアウン、ケンジ:ニコラス・サプットゥラ

松永大司
Matsunaga Daishi

1974年、東京都生まれ。俳優として『ウォーターボーイズ』(01) などに出演。『ピュ～ぴる』(10) で監督としてデビューし、『トイレのピエタ』(15)、村上春樹原作の『ハナレイ・ベイ』(18) などを発表。

コラム

アジアにおけるオムニバス映画のブームについて
作家の登竜門から政府への抵抗の連帯まで

石坂健治

オムニバス映画には様々なタイプがあるが、近年はアジアでの制作が盛り上がっている。

二〇〇〇年から一四年間続いた全州国際映画祭(韓国)の「三人三色」シリーズや、香港国際映画祭でお披露目された「香港四重奏」シリーズ(10〜11)は、作家たちに同一テーマ(前者は「テーマ+デジタルで撮ること」、後者は「香港で撮ること」)を提示して依頼していた。最近では東京国際映画祭が国際交流基金アジアセンターと「アジア三面鏡」シリーズ(16、18)を共同製作しているが、「アジアで共に生きる」「旅」といったテーマ設定とエピソード間の連携を考慮している。「旅」といえば、フィリピン映画生誕一〇〇年を記念して製作された『それぞれの道のり』(18)では、ラヴ・ディアス、ブリランテ・メンドーサ、キドラット・タヒミックという三大巨匠が「旅」にまつわるエピソードを競作していて壮観だ。

いま最もオムニバス製作に熱心なのはシンガポールである。『セブンレターズ』(15)は独立五〇周年記念作品だが、シビアな社会問題も直接・間接に扱っており、映画を通してメッセージを届けたいという七人の作家の思いが窺える。福建語や広東語など中国語方言が飛び交う『667』(17末)は様々な華人コミュニティの日常を描いているが、方言の使用を制限しようとする政府の方針に対する映画的抵抗を試みている感が強い。

そしてオムニバス形式で一〇年後の自国を描く「十年」国際プロジェクト。日本編は是枝裕和が総合監修、タイ編はアピチャッポン・ウィーラセタクンらが監督しており、国際的なビッグネームがリーダーシップをとっている。いずれも近未来ディストピア的なエピソードが並び、各国の政情が反映されていて興味深い。ちなみにバングラデシュの若手監督一一人が発表した『Sincerely Yours, Dhaka』(18未)は「十年」に刺激を受けて作られたそうで、波紋は現在進行形でまだまだ世界に拡がる気配をみせている。

フィリピン

Republic of the Philippines

フィリピン映画史

石坂健治

初期から第一黄金期まで

二〇一九年はフィリピン映画一〇〇周年で、本国では記念の催しが目白押しである。七〇〇〇もの島々からなる多様な文化に加え、長い植民地と圧政という複雑な歴史をたどったこの国が、アジア有数の映画大国となった経緯を概観する。

大航海時代の到来とともに四〇〇年もの長きにわたってスペインとアメリカに支配され、太平洋戦争中は日本に占領されるという苦難の歴史を歩んだフィリピンだが、映画の伝来は早く、一八九七年に最初の上映会が開かれ、一九一二年には国民的英雄ホセ・リサールの生涯を描いた最初の劇映画が二本競作された。いずれも監督はアメリカ人、出演者はサルスエラ（スペイン式の軽歌劇）の劇団員たちであった。

ちなみにリサールと映画の関係は深く多様で、その著作「ノリ・メ・タンヘレ（われに触れるな）」が一九一〇年代から六〇年代にかけて何度か映画化され、没後一〇〇年（＝一九九六年）を記念して伝記映画が競作されることもあった。その一本、マリルー・ディアス＝アバヤ『ホセ・リサール』（98）は日本でも公開されたが、脚本を担当したのは『ダイ・ビューティフル』（16）の監督ジュン・ロブレス・ラナである。リサールの他にも独立運動のリーダーを扱った作品は少なくない。レイモンド・レッド（『バードショット』（16）の監督ミカイル・レッドの父）は九〇年代に三部作を構想し、『バヤニ』（92）でアンドレス・ボニファシオ、『サカイ』（93）でマカリオ・サカイ将軍を主人公に据えたが、三本目が頓挫して完遂は果たせなかった。祖国の近現代史を映画で再構築するというテーマは、ボニファシオの処刑から物語が始まる『痛ましき謎への子守唄』（16）の監督ラヴ・ディアスらに継承されている。

フィリピン人監督による最初の映画は一九一九年、〝フィリピン映画の父〟と称されるホセ・ネポムセノの「Country Maiden（田舎の乙女）」である。一九三〇年代にはアメリカ型のスター・システム、スタジオ・システムが確立。撮影所では中国や東南アジア諸国の映画も製作され、マニラは京都や上海、ボンベイと並んでアジアを代表する映画の都となった。しかし太平洋戦争の開戦で状況は一変。日本が南洋映画協会と映画配給社のマニラ支社を設置し、阿部豊『あの旗を撃て』（44）などの戦意高揚映画を製作した。フィリピン人キャストの演出を担当した助監督（実質は共同監督）のヘラルド・デ・レオンは戦後フィリピンを代表する巨匠

History of ...

となっていく。ちなみに阿部もデ・レオンもハリウッドで映画修行した経歴を持ち、同作のストーリーもジョン・フォード『わが谷は緑なりき』(41)の翻案と、戦時下の日比合作には実のところ敵国アメリカの映画の影響が濃厚に見てとれる。

戦後ただちに復興した映画界は一九五〇年代に「第一黄金期」を謳歌する。LVN、サンパギータ、プレミアの三大メジャー会社が高クオリティーの娯楽映画を量産し、『廃墟からの旅立ち』(56)のランベルト・アヴェリャーナ、『ノリ・メ・タンヘレ』(61)のデ・レオンらの巨匠監督が活躍した。フィリピン映画史に詳しい中田秀夫監督(『リング』〈98〉)はアヴェリャーナを溝口健二、デ・レオンを黒澤明に喩えている。この時期のフィリピンは、やはり黄金時代を迎えていた日本やインドとともにアジア映画界のリーダー格と目され、たとえばアヴェリャーナは映画新興地域のマレー半島に助っ人として赴き、マレーの大スター、P・ラムリーを主演に迎えてショウ・ブラザース製作で『ハッサン軍曹』(58)を撮っている。

またフィリピン映画の日本での受容史に目をやると、一九五四年に大映社長の永田雅一がショウ・ブラザースのランラン・ショウと組んで「東南アジア映画祭」(現・アジア太平洋映画祭)を創始。日本での開催が多く、記録を紐解くと黄金時代のフィリピン映画も多数出品されているのだが、一般向けの上映がなかったこともあって、関心を寄せる人はほとんどいなかったようだ。いまでは福岡市総合図書館のアジア映画ライブラリーに『廃墟からの旅立ち』『ノリ・メ・タンヘレ』が収蔵されている。

第二黄金期、ブロッカとベルナール

一九六〇年代に映画産業は不況に陥ったが、七〇年代初頭に二人の有望な新人監督、リノ・ブロッカとイシュマエル・ベルナールがデビュー。マルコス独裁体制で表現の自由が制限されるなか、七〇〜八〇年代にかけてブロッカの『マニラ・光る爪』(75)、『インシアン』(76)、ベルナールの『水の中のほくろ』(76)、『奇跡の女』(82)をはじめ、マイク・デ・レオン、マリルー・ディアス=アバヤらのプロテスト精神をそなえた作品が続々と登場し、「第二黄金期」と呼ばれる。日本では国際交流基金が九〇年代に「フィリピン映画祭」「リノ・ブロッカ映画祭」などを開催し、この時期の作品群を積極的に紹介した。

この時期のツートップ監督、ブロッカとベルナールはちょうど現在のブリランテ・メンドーサとラヴ・ディアスのような良きライバル関係にあり、情熱的なブロッカは虐げられた者らを主人公に据え、最後の最後に暴力が爆発する復讐譚を『マニラ・光る爪』『インシアン』や『ボナ』（80）などで繰り返し描き、スラムを舞台とする作品にも傑作が多い。現在、ブロッカ的なスラムの映画を継承しているのはメンドーサで、『フォスター・チャイルド』（07）、『サービス』（08）から『ローサは密告された』（16）まで、小型のデジタル・カメラが細い路地やバラック家屋の中を俊敏に動き回る臨場感は他に例を見ない。またブロッカは自らゲイであることをカムアウトし、『マッチョ・ダンサー』（88）などＬＧＢＴものの先駆者でもあった。

　他方、冷徹でスタイリッシュなベルナールは『マニラ・バイ・ナイト』（80）のようなアウトサイダー群像劇を得意としたが、聖母マリアから霊力を授かったという女性がヒーラーとして崇められ、群衆が殺到して村落共同体がパニックに陥っていく『奇跡の女』のような、南米のマジック・リアリズム文学を彷彿させる傑作も発表している。ほかにも、頓珍漢な日本人ヤクザが暴れまわるデ・レオンのコメディー『カカバ・カバ・カ・バ?』（80）、封建的なプランテーション農場の悲劇を血飛沫とともに凄絶に描いたディアス＝アバヤ『カルナル　愛の不条理』（84）など、この時期のフィリピン映画は傑作の森である。

　また、フィリピン大学でブロッカと机を並べていたキドラット・タヒミックは、映画産業と無縁のインディペンデント映画作家の先駆的存在で、第一作『悪夢の香り』（77）でいきなりベルリン国際映画祭でカリガリ賞を受賞して周囲を驚かせた。タヒミックはディアス同様に歴史の再構築を目論む作家で、ライフワークとしてマゼランの〝世界一周〟をフィリピンの側から再解釈する計画を進め、現在進行形の成果は『５００年の航海』（17）である。

　第二黄金期の複雑さは、ひとえに大統領夫人イメルダ・マルコスの存在と切り離せない。大の映画好きだったイメルダは、ご贔屓のショーン・コネリーを招きたい一心で「マニラ国際映画祭」を立ち上げたといわれ、前衛的なアート・フィルムを製作するファンド「フィリピン実験映画基金」（ＥＣＰ）も創設した。表現の自由が奪われる独裁政権下にあって、ファースト・レディの肝入りで映画界のインフラだけが次々と整備されていく奇妙な状態は八六年のピープルパワー革命まで続いた。また、フィリピンはハリウッド大作の撮影

フィリピン映画史

地として大いに活用されてきたが、この時期の最も有名な例は『地獄の黙示録』(79)で、あのベトナムの密林は実はフィリピンの密林だったのである。

第三黄金期を謳歌

一九九〇年代は映画界の低迷期となったが、二一世紀のデジタル時代に入り新しい動向が芽ばえる。かつてイメルダが君臨したフィリピン国立文化センター(CCP)が二〇〇五年、若手の登竜門となる「シネマヤラ・フィリピン・インディペンデント映画祭」を創始。同じ年にブリランテ・メンドーサが監督デビューして直ちに世界的名声を獲得。現在に至る一〇余年は「第三黄金期」と呼ぶに相応しい豊饒のときを迎えている。

作家としては、メンドーサとディアスのツートップに加え、『牢獄処刑人』(13)のエリック・マッティ、『影の内側』(17)のラヤ・マーティン、『暗きは夜』(17)のアドルフォ・アリックスJr.ら国際映画祭の常連たち、それにミカイル・レッドのような新鋭まで、才能豊かな人材が目白押し。国内マーケットはアクション、ラブコメなどの商業映画が優勢だが、他方、インディーズ作品の質の高さを認めたノラ・オーノール、エディ・ガルシアといった大スターがこぞって低予算作品に出演し、〝メインディーズ〟なる造語ができるほどである。

こうした事象が積み重なり、二〇一〇年代半ばには世界の映画シーンがフィリピン映画で沸きかえる状況が現出。大きな映画祭での受賞に絞っても、二〇一六年はカンヌ映画祭でメンドーサ『ローサは密告された』が最優秀女優賞(ジャクリン・ホセ)に輝き、東京国際映画祭でジュン・ロブレス・ラナ『ダイ・ビューティフル』が最優秀男優賞(パオロ・バレステロス)と観客賞をダブル受賞、弱冠二四歳(当時)のミカイル・レッド『バードショット』も〈アジアの未来〉部門の作品賞を受賞。さらに凄いのは超長尺映画の鬼才ディアスで、八時間の『痛ましき謎への子守唄』がベルリン国際映画祭の銀熊賞(アルフレッド・バウアー賞)、四時間の『立ち去った女』(16)がヴェネチア国際映画祭の金獅子賞と、同一年に同一監督が世界三大映画祭の二つで銀と金を獲るという快挙を成し遂げた。翌一七年も上海国際映画祭でパオロ・ヴィリャルーナ『Pedicab(輪タク)』がコンペの最高賞と、第三黄金期の快進撃はしばらく続きそうだ。

※本稿は「多様にして豊饒なフィリピン映画史を横断する」、『キネマ旬報』2017年8月上旬特別号、59〜62頁を加筆・改稿したものである。

インタビュー
ラヴ・ディアス

映画を既成の概念から解放したい

取材・文／吉田孝行

このインタビューは、二〇一六年の東京国際映画祭に参加するためにラヴ・ディアスが来日した際に行われたものである。この年の東京国際映画祭では、上映時間が八時間以上に及ぶ『痛ましき謎への子守唄』（16）が上映された。二〇一七年に彼の作品としては初めて日本で劇場公開された『立ち去った女』（16）のフィリピンでの公開直後のインタビューでもあり、生い立ちから、常軌を逸した長さ、モノクロや長回しの撮影など、彼の基本的な撮影スタイルについての貴重な証言となっている。

——あなたはフィリピン南部ミンダナオ島で生まれ育ち、マルコス大統領の独裁政権下で青少年期を過ごしています。『昔のはじまり』（14）などの作品には、自伝的な要素が深く反映されていると思いますが、あなたの生い立ちと映画体験について教えて下さい。

ラヴ・ディアス（以下LD）　私はミンダナオのダトゥ・パグラスという農村で生まれ育ちました。そこはイスラム勢力との紛争が今でも続いている地域です。私の両親は先住民族の教育のためにミンダナオに移住した教師でした。子供の頃は、近くのタクロンという町に映画館が四軒あって、毎週八本上映していて、全部見ていました。ハリウッド、香港、フィリピンの映画など、様々なジャンルの映画を見ました。黒澤明の『生きる』（52）を見たのもミンダナオです。しかし、一九七二年にフィリピン全土に戒厳令が布告されると、反政府勢力への弾圧の中で、私は親戚や多くの友人を亡くしました。そのような喪失感やトラウマが私の映画には反映されています。『昔のはじまり』は、戒厳令が布告される直前のミンダナオの農村が舞台ですが、その内容は全て私の少年時代の出来事と記憶にもとづいています。

——あなたは他のインタビュー等で、一〇代の時に見たリノ・ブロッカ『マニラ・光る爪』（75）に衝撃を受けて映画監督を志すことになったと語っています。しかし、あなたのデビュー作は一九九八年、あなたが四〇歳になった時です。映画監督としては遅咲きのように思います。

LD　私は一七歳でミンダナオを離れてマニラのカレッジに入学したのですが、その年に公開された『マニラ・光る爪』

を見て私の人生は変わりました。映画とは、人を育み、人生を見つめ直すものだということに気がついたのです。そして映画監督になる決意をしました。しかし一九歳で結婚してすぐに三人の子供ができたので、家族を養うために働かなければなりませんでした。ロックバンドもやっていて音楽活動にも夢中になっていたのですが、家族を養うために音楽で食べていくことは諦めました。当時は、フィリピンに映画学校はなく、映画制作を学んだのは一九八五年にモーウェルファンドのワークショップに参加した時だけです。モーウェルファンドとは、フィリピンの映画業界で働く労働者の社会福祉のために設立された業界団体で、映画制作のワークショップを毎年開催していました。しかしそれは一ヶ月間だけのワークショップでした。私はほとんど独学で映画制作を学んだのですが、私にとって本当の映画学校は子供の頃に通ったミンダナオの四軒の映画館です。子供の頃にたくさんの映画を見たことが私の映画人生の出発点です。

九〇年代はフィリピンの新聞社で文化部の記者として働いていました。その一方でテレビドラマや映画の脚本も書いていて、映画業界に入る機会を窺っていました。特にテレビシリーズの仕事をしたことは、脚本を書く良い勉強になりました。一九九四年にアメリカに行く機会があったのですが、その時、『あるフィリピン人家族の創生』(04未)の撮影を始めました。この作品は、その後一〇年間撮影を続け、二〇〇四年に完成しました。一九七一年から一九八七年のマルコス独裁下のフィリピン現代史を、ある貧しい農民一家の視点から、ドキュメンタリーとフィクションを組み合わせて描いた一一時間の作品です。その頃から私の作品は長尺でした。この映画の撮影中の一〇年間に、私は最初の五本の映画を撮っています。最初はリーガルというフィリピンの老舗の映画会社に雇われて、撮影所システムの中で映画を撮っていました。

—あなたの映画の美学についてお聞きしたいと思います。カンヌ映画祭に出品された『北(ノルテ)—歴史の終わり』(13)は、カラーで撮られていますが、あなたの近作は全てモノクロで撮られています。あなたがモノクロを好むのはなぜでしょうか?

LD 私はモノクロの映画をたくさん見て育ちました。私はモノクロの映画に深い愛情を持っています。モノクロとは、単に色がないのではなく、別の世界、別の生き方を見せてくれるものなのです。モノクロは、あなたを別の世界、別の生き方を見ることに導いてくれます。私にとってモノクロとは、世界を見るもう一つの方法なのです。カラーを否定しているわけではありませんが、私にとって映画とはモノクロであり、私の映画にはモノクロが相応しいのです。

—それでは、『北(ノルテ)』をカラーで撮られた理由は何でしょうか?

LD 実は、私の初期作品は全てカラーです。『バリオ・コンセプシオンの犯罪』(98未)、『バーガー・ボーイズ』(99未)、『月の下の裸』(99未)、『神、革命家』(02未)といった私の初期作品は、撮影所システムの中で撮りましたので、カラーで撮ること、そして二時間半以内にする

「絵画の大きさと芸術的価値が関係ないように、映画に時間の長さは関係ない」

ことを強いられました。最初の長尺作品となった五時間の『ウエスト・サイドの子』(01未)もカラーで撮りましたが、一部はモノクロです。本当は、全編モノクロで撮りたかったのですが、プロデューサーに反対されて諦めました。『北(ノルテ)』に関しては、撮影に入る数週間前に、プロデューサーから、この映画はカラーで撮ったほうが良いかもしれないという提案がありました。この映画は、ルソン島最北部のイロコス・ノルテ州で撮影しましたが、このロケ地にはカラーのほうが合うと私たちは判断しました。それはまた、私にとって再びカラーで撮ることの挑戦でもありました。

――『痛ましき謎への子守唄』を拝見した時に驚いたことの一つは、画面のサイズが4対3のスタンダードだったことです。画面のサイズに何かこだわりはあるのでしょうか?

LD 『痛ましき謎への子守唄』は、一八九〇年代のフィリピン革命期を舞台にした時代劇なので、当時の映画の標準サイズだった4対3で撮ることにしました。私の作品は16対9のサイズで撮ったものが多いですが、『北(ノルテ)』のように横長のワイド画面で撮った作品もあります。『北(ノルテ)』と『痛ましき謎への子守唄』では、ラリー・マンダというキャメラマンに撮影をお願いしましたが、私の作品では私自身が撮影も担当する場合が多いです。

――例えば、『ストーム・チルドレン 第一章』(14)はドキュメンタリーですので、あなた自身がキャメラを廻していますが、フィクションの場合は、監督が撮影も兼任すると、俳優に対して演出をするのが難しくなるので、監督以外のキャメラマンが撮影を行うことが多いと思います。

『痛ましき謎への子守唄』ポスター

LD それは場合によると思います。私の場合は、非常に少ない人数で撮影を行なっていることもあり、私自身が撮影も担当しています。スタッフとイメージを共有するために、絵コンテを用意することもありません。私の映画では、私自身が撮影の場所を決め、キャメラを置く位置を決め、フレーミングを決め、照明を決めます。映画を構成する要素を私自身がコントロールしたいという気持ちがあるからです。編集も自分でやります。規模の大きな映画では分業で制作される場合が多いですが、映画の制作とは自由なものであり、様々な制作のスタイルがあります。撮影で使用しているキャメラもとても小さなものです。

――あなたの映画についてよく言われることは、あなたの映画はとても長いということです。映画における時間の長さについてはどのようにお考えでしょうか?

LD　そうですね。いつも長いと言われます（笑）。しかし、絵画を例に上げてみましょう。絵画には様々な大きさのものがあります。大きなものから小さなものまで。しかし、サイズの大きい絵画も小さい絵画もそれが絵画であることには変わりはありません。絵画の大きさとその絵画の芸術的価値は全く関係がありません。同様に時間の長い映画も短い映画もそれが映画であることには変わりはありません。映画に時間の長さは関係がありません。映画を作り始めた頃から、私が一貫して心に決めていることは、自分の映画に関して妥協はしないということです。私は自分の哲学と信念にもとづいて映画を作ることに懸命になってやってきました。私がやりたくないことの一つは、映画学校で教えられるような、カットを重ねて二時間以内にうまく収まるような映画を作ることです。私は自分の映画のスタイルを築き上げ、映画というものを既成の概念から解放したいのです。

――あなたの映画は、多くのシーンが固定ショットの長回しで撮られていますが、移動撮影やキャメラを動かす場面もたびたびあります。キャメラを動かすときの判断のようなものはあるのでしょうか？

LD　そのシーンにキャメラの動きが必要な場合はキャメラを動かしますが、とくにルールを決めているわけではありません。しかし、できるだけ固定ショットの長回しで撮り、シーンの途中でカットを割らないようにしています。私はワンシーン・ワンカットのスタイルが好きです。時間や音の流れを一つの塊として提示することが私にとっては重要だからです。それが私にとって真実に接近する方法でもあるのです。私の映画には空間や時間や音の塊が必要であり、それを砕くようなことはしたくありません。ジャン・ルノワールの映画を思い出して下さい。アンドレ・バザンが、ジャン・ルノワールについて本を書いていますが、私はバザンの批評からそのことを学びました。

――画面の作りこみに関しても、光と影のコントラストといった特徴がみられます。

LD　私の映画は、ドイツ表現主義から影響を受けています。ドイツ表現主義は、一九二〇年代に隆盛した芸術全般についての運動ですが、映画におけるドイツ表現主義は、それまでの映画とは異なり、光と影のコントラストやシンボリズムの多用などで際立っています。私の映画は、私が愛しているサイレント時代のモノクロ映画へのオマージュでもあるのです。私はまた、フィリピンの漫画からも影響を受けています。フィリピンには「フィリピン・コミックス」と呼ばれる漫画の伝統と大きな産業がありました。今では無くなってしまいましたが、フィリピン・コミックスのスタイルやイメージは、ドイツ表現主義に類似しており、私はそれらから着想を得ているのです。

――フィリピンで映画を制作するのに十分な資金はありますか？

LD　それは作品によってまちまちです。私は予算が全くない状況でも映画を作りました。ほとんどが低予算の作品です。ある程度予算のあった作品もありましたが、それでも十分ではありません。ハリウッドや香港、そしておそらく日本の大手の製作会社と比較しても、私の作品の

「時間や音の流れを一つの塊として提示することが私にとって真実に接近する方法」

製作費はとても少ないはずです。『痛ましき謎への子守唄』の製作費は、八〇〇万ペソ(約一七〇〇万円)です。映画の製作費は作品のスタイルによって異なりますが、『痛ましき謎への子守唄』は時代劇でしたので、衣装やセットを用意して、一八九〇年代を再現する必要があり、製作費がかかりました。それほど製作費のかからない作品もありますが、それでも俳優やスタッフにはきちんとギャラを支払わなければなりません。それはとても重要なことです。

——近年のフィリピン映画の隆盛には目を見張るものがありますが、それは政府からの支援が大きいのでしょうか?

LD いいえ、政府からの支援はないことはないですが、しかし十分ではありません。例えば、フィリピン国立文化センターが運営するシネマラヤ基金がインディペンデント映画の支援を行っています。しかし、フィリピンのインディペンデント映画の隆盛は、映画のデジタル化が大きいと思います。学生や若い映画作家でも、キャメラさえ持っていれば映画が撮れる時代になりました。現在では、高性能のデジタルキャメラを安く購入することができ、映画を撮るのに高価な機材や撮影所が必要なわけではありません。しかし政府はもっと映画を支援するべきです。映画の制作だけではなく、映画の普及や教育にも力を入れるべきです。国が発展するためには、政治や経済だけではなく、芸術と文化の力が必要です。芸術と文化こそが国の発展において最も重要なものなのです。

——あなたの近作は、『昔のはじまり』がロカルノ国際映画祭で金豹賞、『痛ましき謎への子守唄』がベルリン国際映画祭で銀熊賞、さらに『立ち去った女』がヴェネチア国際映画祭で金獅子賞を受賞と、近年のご活躍は驚異的です。あなたの近作が国際映画祭でこれだけ高い評価を受けているのはなぜでしょうか?

LD それは自分ではわかりません(笑)。しかし、一つ言えることは、私は映画祭で賞を取るために映画を作っているわけではないということです。私は映画のために映画を作っています。芸術のために映画を作っています。私が作っているのは芸術としての映画です。国際映画祭に招待され、受賞するのは大変光栄なことですが、私は映画祭の賞や商業的なヒットを狙って映画を作っているわけでは全くありません。実際、『痛ましき謎への子守唄』は、フィリピンで劇場公開されましたが、残念ながら、誰も見に来ませんでした(笑)。先日の東京国際映画祭でも「こんなに長いと多くの人に見てもらえずもったいない」と観客のフィリピン人女性に指摘されました。しかし私は妥協するつもりはありません。妥協すれば全てが台無しになってしまいます。フィリピンでは最新作の『立ち去った女』が公開されたばかりですが、この作品も日本でご覧いただける日が来るのを願っております。

——二〇一六年一一月二日、都内ホテルにて

作家論

ラヴ・ディアス

死者と生者が共生する映画空間を探して

大寺眞輔

二〇一六年九月、ラヴ・ディアスはハーバード大学ラドクリフ・インスティテュートの招きに応じ、アメリカで八ヶ月間を学生たちと共に過ごした。これは、かつてジョアン・ペドロ・ロドリゲスやアティナ・ラヒル・ツァンガリも参加した大学のフェローシップ・プログラムである。ほとんど外出もせず、新作として構想中だったフィルム・ノワールの脚本を部屋に籠もって書いていたというディアスは、暇つぶしのため二〇〇ドルのギターを購入した。そして自ら書いた台詞をギターに合わせ何気なく口ずさんだディアスは、いつしかそのフィルム・ノワールがロック・オペラの色彩を帯び始めたことに気付く。これが『悪魔の季節』(18)の始まりだった。だが他のディアス作品に触れたことがない観客にとって、上記の経緯を入り口にこの作品を見ることは、間違いなくミスリーディングにつながるだろう。なぜならば、ミュージカルにつきものと言って良いオフスクリーンの伴奏音楽や登場人物たちのダンス、ダイナミックな振付やカメラワーク、ロック・オペラの仰々しさ、あるいはフィルム・ノワールのスタイリッシュな美学とはまるで無縁の作品であるからだ。

『悪魔の季節』の物語は、「数行のシノプシスを手に撮影地へと赴き映画作りを始める」と常々口にするディアスらしく、きわめてシンプルなものである。舞台は一九七〇年代後半、マルコス独裁政権による戒厳令下にあったフィリピン。僻地の貧しい村ジントゥを訪ね人々を助けるため医院を開設した女性医師ロレーナは、その村が体制側の私設軍隊による激しい暴力と支配に脅かされていることに気付く。反逆者やコミュニスト、マルコス政権に異を唱える者たちはみな、跡形もなく消え失せるか道端に死体として転がった。ロレーナもまた同じ運命を辿った。失踪した彼女を探すため、詩人であり活動家・教師の顔も持つ夫フーゴが村を訪れる。だが彼もまた権力の圧倒的な暴力の前でただ絶望を感じるだけだった、というものだ。ほとんどの台詞がアカペラによる登場人物たちの歌として口ずさまれるこの作品は、いかなる意味でも映画的カタルシスとは無縁である。物語が陰惨で救いがないばかりでなく、モノクロの長回し画面で捉えられる人々や風景には大きな変化や動きが欠けている。さらには作品の中心的主題である暴力さえ、しばしばロングショットの空虚な背景へと埋没するばかりだ。観客である私たちが感じるのは、この作品が誇る四時間近い上映時間それ自体の散文的長さと、それに伴う身体的疲労ばかりかも知れない。だが、それこそがディアスの意図であり、彼の映画的チャレンジであるのだ。

父親に連れられ幼少期から映画館に足繁く通ったというディアスは、疑いなく熱狂的映画ファンである。だが、『悪魔の季節』を「アンチ・ミュージカル」としてジャンル映画論の枠内からのみ解読することはあまり生産的な試みと思えない。時に一一時間近くに及ぶディアス作品の圧倒的長さやロングテイク、白黒映像、スローシネマとカテゴライズされもする、ゆったりとした内省的時間の流れと静観的物語描写に基づく独特の映画的スタイルは、むしろ彼自身のパーソナルな生活や体験、感情、そしてさらにフィリピン人の民族性とその歴史の中でこそ考察されるべきだろう。詩人でありロック・ミュージシャンとして活動した経験も持つ彼が、『悪魔の季節』のフーゴに自らの過去を投影したことは間違いない。また、『革命時代からの来訪者へのエレジー』(11未)ではディアス自身がギタリストとして出演し、彼の人生、そして既にこの世を去ったフィリピン人の同胞に対する思いを歌っている。逆から言えば、スペインやアメリカなど西欧諸国からの数世紀に及ぶ植民地支配と第二次世界大戦中の日本軍による占領、マルコス独裁政権による戒厳令下の暴力と悪夢、それらフィリピン人の苦難の歴史に対する鎮魂と贖罪、ないしはコミットメントこそがラヴ・ディアス作品のコアには存在し、その祈りと抵抗に具体的事物や風景、キャラクター、言葉、痛み、つまり映画的身体性を与えるためにこそ、彼自身の全てが総動員されているのだ。そしてその試みは勿論、現在のフィリピン、あるいは世界に対する眼差しへと結びつく。

ラヴ・ディアスは、もともとイスラム教が強いフィリピン南部マギンダナオでカトリック教徒の母親と社会主義者の父親のもとに生まれた。カトリックとムスリムが対立し、コミュニストゲリラとマルコス軍の戦争が続く中、多くの血が流されたこの地で育ったディアスにとって、個人生活と社会・歴史へのコミットメントは初めから地続きのものだったのだろう。トルストイの短編を原作にしつつ、主人公を女性へと変えた『立ち去った女』(16)には、どこかで母親の記憶が反響している。そしてマニラへと移住した大学生時代、リノ・ブロッカの『マニラ・光る爪』(75)に衝撃を受けたディアスは、映画でアクチュアルな社会情勢や政治問題を描くことができることに気付く。彼は、ブロッカからのアドヴァイスを受け商業映画界で低予算のジャンル映画を撮りつつ、同時にそこで稼いだ資金を使って個人映画製作を行うようになった。だが、製作会社の意向でセックスシーンが勝手に追加されるなど、商業映画界の横暴と一方的搾取に業を煮やしたディアスは、当時フィリピンでも普及し始めたデジタル機材を活用することでゼロバジェットの映画製作を二〇〇〇年前後からスタートさせた。彼にとって、映画作りのあらゆる領域は、初めからパーソナルな空間を獲得するための闘争であり、社会的レジスタンスだったのだ。

例えば、映画作りや劇場上映において合理的とされる90分から二時間といった上映時間。それこそが、ディアスにとっては植民地支配と搾取の中でフィリピン人に強制されてきた西欧的世界像そのものの一部であり、芸術からその自立性を奪う悪しき因習そのものである。したがって、彼の作品が持つ長大な上映時間は、何よりもまずこの効率主義的な時間感覚に対する正面からの抵抗であり、植民地時代以前に存在したマレー人による原初的世界像を改めて触知しようとする試みなのだ。簡素な脚本を手に撮影地へと赴き、現地で暮らしながらその住人や風景と向き合うこと。そしてそこで生まれる言葉や感情、出来事、空気感をそのままスクリーンに捉えようとするディアスの「オーガニックな撮影スタイル」。これもまた、同じ試みの延長として捉えることができるだろう。彼の作品に重く垂れ込める沈黙と忍耐の圧倒的な時間体験を通じて、過去と現在、死者と生者が共生する鬱蒼とした熱帯雨林のような映画的空間を発見すること。スクリーンの中に存在させること。観客たちと共有すること。そこにこそ、ラヴ・ディアスが継続する映画的レジスタンスの本質がある。

作家論

キドラット・タヒミック
世界史の枠組を問い直すインディーズの先駆者

石坂健治

二〇一九年一月に『500年の航海』(17)の公開にあわせて来日し、元気な姿をみせたキドラット・タヒミックの創作歴は四〇年以上に及ぶ。その風貌から〝映像界の仙人〟と呼びたくなるこの稀代のアーティストは、祖国フィリピンを含む「途上国」に生きる者の矜持と、そうした場を圧迫する「先進国」の独善と横暴を、つねに毒を潜ませたユーモアに包んで映画やインスタレーションで表現してきた。七〇年代にはグラウベル・ローシャら南米の映画人が主導した「サード・シネマ運動」のアジア的な展開と位置づけられたし、その後も東南アジアにおける個人映画作家の先駆けとしてジョナス・メカスと、また農業と映画制作をパラレルに考える創作理念から小川紳介＝小川プロと比較され、いまでは文化人類学やポストコロニアリズムの文脈で論じられることが多いが、本人はそんな他人の名前や思想用語で自作を解説することもなく、上映後に観客が理屈っぽい調子で質問してきても、比喩や寸劇を交えた平易な受け応えをモットーとして、いたって涼しい顔をしている。深刻なテーマを声高に語る者は多いが、笑いのないところから笑いを引き出して作品に結実させる至難のワザを一貫して実現させている点では、タヒミックと故ヤスミン・アフマドが双璧をなすだろう。

では最新作『500年の航海』を中心に据えてタヒミックの創作精神を考えてみよう。まず、西洋近代の光学装置として誕生した「映画」の約束ごと＝文法からどこまで自由に飛翔できるか、という命題がどの作品にも貫かれている。四方田犬彦は早くもデビュー作『悪夢の香り』(77)から「映像のブリコラージュ(寄せ集め)」として創作がなされていると説く。すなわち家族や友人、それに監督自身がいったん素顔のままでカメラに収まるが、巧みな編集を介して「ありえぬ〈私〉の物語」が「パランプセスト（重ね書きされた羊皮紙）のように後から刻」まれ、新しい意味を持って産み落とされるというのだ（四方田『映像の召喚　エッセ・シネマトグラフィック』一九八三年、青土社）。

ここで指摘されたタヒミック作品のブリコラージュ性は、「完成」という概念を無視するかのように増殖してバージョンを更新し続ける『虹のアルバム』（94）や『500年の航海』まで達している。後者に至っては、三〇年を越える撮影の結果、複数の演者が一つの役を素知らぬ顔でリレーして演じるという、通常の映画話法では考えられない事態まで生じている。実際に観ていてそんなことは気にならず楽しいのだが、実はそれが一番凄いことかもしれない。「作品」や「完成」という概念にとらわれないタヒミック的創作のありようは、「アウラを身に纏った芸術家が作品を創作する」という神話を無化する過激さをそなえている。

こうした〝自由〟な作品群を通じて、やがて世界史の大きな枠組に鋭い疑問符が突き付けられる。とりわけ長い植民地体験を持つフィリピンと西洋との関係が俎上に載せられるのだ。『500年の航海』がめざすのは、「マゼランが世界一周を果たしたのではない。彼の死後も旅を続けたマラッカ出身の奴隷エンリケが最初の世界周航者である」というカウンター・パンチを、声高な演説ではなく、マゼランならぬコロンブスの卵のような表現として、あくまで映像と笑いを通して語ることである。思えば映画の歴史とは、西洋が「見る＝撮る」能動の側、アジアなど非西洋が「見られる＝撮られる」受動の側として始まったわけだが、タヒミックはもうそろそろ、少なくとも精神的にはこの非対象な隷属関係をやめようではないか、と言っているように思われる。彼が四六時中、竹で編んだ「バンブー・カメラ」を掲げて相手に向けているのは実に象徴的な所作ではないか。

もうすぐ二〇二一年。マゼラン亡きあとの艦隊が「世界一周」を成し遂げてから五〇〇年となる。この記念の年にタヒミックは何を目論むのか、刮目して見よう。

『500年の航海』

作家論

ジュン・ロブレス・ラナ

ゲイ・カルチャーから物語を紡ぎ出す気鋭の監督

石坂健治

第三黄金期を謳歌する現在のフィリピン映画界にあって、その中核の一人として活躍する『ダイ・ビューティフル』(16)のジュン・ロブレス・ラナは、フィリピン映画の伝統に根ざしたスタイルで最も着実に成果を上げている作家である。国際的な賞賛に包まれるブリランテ・メンドーサやラヴ・ディアスに比べると一見地味に映るかもしれないが、第二黄金期の人脈に学んで磨き上げた脚本と演出の確かなスキルを持ち、出演した俳優たちを最高に輝かせ、国内的な興行と国際的な評価の両者をバランスよく視野に入れて活動する姿は独自のものがある。日本映画史に照らせば黒澤明に対する木下惠介といったところだろうか。

『ダイ・ビューティフル』ポスター

一九九〇年代末に映画界でのキャリアを開始したラナはまず、女性監督の第一人者であったマリルー・ディアス＝アバヤの諸作品のすぐれた脚本家として頭角をあらわす。リノ・ブロッカらとともにマルコス独裁時代を抵抗の映画人として闘い抜いたアバヤはまた、まるで田原総一朗のようにテレビ討論番組を仕掛けるオピニオン・リーダーでもあったが、その薫陶を受けたラナは映画が社会にもたらす影響に自覚的になっていく。この時期随一の成果としては、フィリピンの国民的英雄を悩みを抱えた一人の人間として描いたアバヤ『ホセ・リサール』(98)の脚本を担当したことである(巨匠リッキー・リーらとの共同執筆)。本作は日本でも一般公開された。

二〇〇六年に監督としてデビューして以来、しばらくはリーガル社などメジャーのエンタテインメント作品を手がけていたが、「シネマラヤ・フィリピン・インデペンデント映画祭」の脚本コンペを経て完成させた『ブワカウ』(12)が大きな転機となる。名優エディ・ガルシアが死期を悟ったゲイの独居老人に扮し、家に居ついた野良犬のブワカウが癌に冒されているのを知って懸命に介護するうちに、自らの生きる希望を見出していく。フィリピン映画は独特のゲイ・カルチャーとともに発展してきた歴史を持つが、本作から代表作『ダイ・ビューティフル』にかけて、ラナ作品にはゲイ・フィルムの先駆者でもあったブロッカに対するリスペクトとともに、そうした系譜を継承する意志が感じられるようになっていく。『ブワカウ』は、米アカデミー賞のフィリピン代表に選ばれるとともに、ガルシアのような大スターが企画の面白さに惚れて低予算のインディーズ作品に出演する「メインディーズ・ブーム」のきっかけを作るなど、さまざまな面で画期的な映画となった。

続く『ある理髪師の物語』(13)では戒厳令下の一九七〇年代に小さな村で理髪店を切り盛りする女性の苦難と自立を描いたが、やはり脚本に惚れ込んで主演を快諾した名女優ユージン・ドミンゴが東京国際映画祭で最優秀女優賞を受賞し、それまでのコメディエンヌ専門から芸風を広げる契機を彼女にもたらした。ちなみにドミンゴが演じたヒロインの名はマリルーで、一二年に亡くなった師匠アバヤへの追悼の意が籠められている。

役者を輝かせる演出家としての手腕は『ダイ・ビューティフル』でもいかんなく発揮される。ミス・コンテストでの賞金稼ぎを生業としていたトランスジェンダーのトリシャが突然亡くなり、埋葬される前に日替わりのメイクと衣装で棺に横たわっていたいという生前の願いを叶えるべく、友人たちが団結していく。厳格な父親との葛藤をはじめとするエピソードがフラッシュバックで効果的に挿入されていく本作で、主演のパオロ・バレステロスは東京国際映画祭の主演男優賞を受賞した。女優賞のほうがいいのでは?というジョークが飛び交うほど見事な演技だった。

ラナ作品のプロデューサーを務めるペルシ・インタランは、私生活でもラナの同性婚のパートナーだが、いまや新鋭監督としても『母との距離』(18)などを発表し、その際は役割を交代してラナがプロデューサーを務めている。二人三脚で興行面を含むフィリピン映画産業のなかをサバイバルしてきたこの名コンビから今後も目が離せない。

フィリピン

作家論

アドルフォ・アリックスJr.

石坂健治

恋人に去られた失意の青年と不治の病に冒された美しい未亡人がルソン島南部ドンソールの海辺で恋に落ちる『DONSOL』(06)でデビューしたアドルフォ・アリックスJr.は、その後ただちに年間三本、四本は当たり前というハイペースで監督作を連発。二〇一〇年などは五本も撮っている。並行して相当数のTVドラマ・シリーズも演出しているのだから、驚異的な大車輪ぶりである。

日本にはほんの一部しか紹介されていないが、作品歴のなかには、日本の俳優ジャッキー・ウー主演でマニラに住む元ヤクザを描いた『Haruo』(11未)や、指摘されなければ判らない特殊メイクで名女優アンジェリ・バヤニ(『イロイロ ぬくもりの記憶』)と杉野希妃が人魚に扮する『Kalayaan(自由)』(12未)、それに日本軍による「バターン死の行進」を扱ってカンヌ映画祭「ある視点」部門に入選した『Death March』(13未)など、日本と関わりのある作品も含まれる。

多様な題材を料理できる器用さがかえって作家像を希薄にしてきた面もあったが、通算三〇本目の長編で、ドゥテルテ政権下の麻薬戦争に庶民が巻き込まれる『暗きは夜』(17)にはアリックスの本気の決意がうかがえる。麻薬取引に関わっていた主婦が過去と手を切って生きようとするも事態が悪化の一途をたどっていくこの物語にあっては、丸腰の男がいきなり路上で銃殺される冒頭のシーンがとりわけ衝撃的で、祖国の凄絶な現状を告発する作家の強い意志が全編に漲っている。

東京フィルメックスのカタログに寄せた監督の長いメッセージには、「彼ら自身には犯罪的な道から降りる気があるのだが、大統領の仕掛けた麻薬戦争のため、現在の彼らは法の世界と地下世界の間で十字砲火を浴びせられている」という印象的な一文とともに、マハトマ・ガンジーの「目には目を、では世界は盲目になるだけだ」という言葉が引用されている。

作家論

ミカイル・レッド

石坂健治

ミカイル・レッドは多くの映画人を輩出するレッド一族に生まれ育ったサラブレッドである。とりわけ父親のレイモンド・レッドは早熟の天才少年と称され、『アニーノ』(00)でカンヌ映画祭短編部門パルムドール受賞と輝かしい経歴を誇るが、ミカイルも早熟ぶりでは負けていないばかりか、すでに父を凌駕するようなキャリアを築きつつある。

二一歳のレッドによる長編デビュー作『レコーダー 目撃者』(13)は、プレミア上映されたシネマラヤ映画祭(マニラ)で入選作家の最年少記録を打ち立てた。フィルム時代に売れっ子の撮影監督だった男がデジタル化に乗り遅れて落ちぶれ、海賊版ビデオを作るために劇場内でこっそりと〝映画泥棒〟を続けるが、ある事件が偶然カメラに写り込んでいたところから物語が動きはじめる。新旧メディアの交代、カメラの記録性、映画と覗き見の関係など、切れ味鋭い諸テーマが散りばめられた本作で、レッドは早くもその優れた作家性を才気煥発とばかりに披露した。

第二作『バードショット』(16)でレッドは格段に成長した姿をみせる。森林保護区に迷い込んだ少女が誤って絶滅危惧種のフィリピンワシを撃ち殺してしまう。死骸を見つけた警察が捜査を開始するが、さらに恐ろしい事件が明らかになっていく。〝森のミステリー〟と名付けたくなる本作は当初、ワシを撃ち殺した少女の視点で進むが、そこにもう一つの事件が加わり、謎が複層化していく。全編に漲るミステリアスな緊迫感は他に例を見ない凄まじさで、定石のお約束に満ちたジャンル映画とは一線を画している。東京国際映画祭「アジアの未来」部門では審査員の圧倒的支持を受けて作品賞に輝いた。

その後は『ミッドナイト・アサシンズ』(17)で麻薬密売に絡む暗黒街もの、『Eerie(不気味)』(18末)でカトリック女学校を舞台にしたホラーと、ジャンル映画的な表現にも確かな腕前を見せているが、早熟の天才作家がこの先どこへ向かうのか、目が離せない。

フィリピン

小論

熱風の滞留

スロー・シネマを通して見るラヴ・ディアスとアピチャッポン

中村紀彦

「シネマをもっとも深淵で定義するのは運動ではなく、時間である」(Bellour, 2007, p. 122)これは映画研究者レーモン・ベルールが述べた映画(cinema)の定義だ。たしかに映画と運動は不可分である。だが運動は時間に従属している。なぜなら、ある特定の運動とは具体的な時間のなかで生起するからだ。映画というメディアそのものが、時間と分節不可能なのである。映画作家とは時間と戯れる力能にすぐれた人間だといえる。

さて、東南アジアの映画作家の幾人かは、とりわけ時間の巧みな取り扱いにすぐれている。たとえばフィリピンの映画作家ラヴ・ディアスや、タイの映像作家アピチャッポン・ウィーラセタクンのことである。彼らの作品に対峙したとき、われわれとは異なる時間感覚やリズムに戸惑うことはなかったか。あなたがそこで「遅さ(slowness)」の感覚に囚われたならば、その作品は「スロー・シネマ(Slow Cinema)(※1)」だったかもしれない。

そもそもスロー・シネマとはなにか。過剰なロング・テイク、運動が抑制された画面、劇的展開の排除。こうした要素を複数含み持ち、「遅さ」の感覚を観客へと強烈にもたらすアート・シネマの一群をスロー・シネマと呼ぶ。ここ十数年間、とりわけ西欧圏の映画研究や批評、あるいはジャーナリズムで扱われてきた動向だ。数々の映画作家が「スロー・シネマの作家」と呼ばれた。たとえばタル・ベーラ、ツァイ・ミンリャン(蔡明亮)、テオ・アンゲロプロス、アッバス・キアロスタミ、アレクサンドル・ソクーロフ、そして本稿で扱うラヴ・ディアスやアピチャッポンなどだ。作家的特徴も国籍も異なる彼らを集約するその危うさもまたスロー・シネマの特徴だろう。

スロー・シネマの定義は各論者によって頻繁に検証されてきた。まずはそこで取り出された要素を簡潔にまとめておこう。①形式と主題の両側面で拡張する「持続」の強調、②物語展開の断絶(時空間の飛躍、時空間的連続性の遮断)、③抑制された運動の視覚的スタイルが構造的に組み

※1　本稿のスロー・シネマ言説は以下の議論を参考にしている。Matthew Flanagan, "'Slow Cinema': Temporality and Style in Contemporary Art and Experimental Film," PhD thesis, University of Exeter, 2012. Tiago de Luca and Nuno Barradas Jorge, "Introduction: From Slow Cinema to Slow Cinemas," *Slow Cinema*, eds., Tiago de Luca and Nuno Barradas Jorge, UK: Edinburgh University Press, 2016, pp. 1-21. Ira Jaffe, "Introduction," *Slow Movies: Countering the Cinema of Action*, New York: Wallflower Press, 2014, pp. 1-14. Lim Song Hwee, *Tsai Ming-liang and a Cinema of Slowness*, Honolulu: University of Hawai'i Press, 2014. Raymond Bellour, "Pensive Spectator," translated by Lynne Kirby, *The Cinematic*, ed., David Campany, Cambridge: MIT Press, 2007, pp. 119-123.

込まれていること（ロング・テイク、固定キャメラの多用、ゆったりとした移動撮影、厳格なミザンセヌなど）、④非劇的な形式（日常性の強調、風景の前景化、人間不在の設定）。こうした要素が「遅さ」の感覚を観客に与えるようだ。もちろんすべてに該当する作品だけがスロー・シネマではない。また各要素は微妙に重なりあうところもあるため、これらの妥当性は検証を重ねる必要がある。だがスロー・シネマの観点は、東南アジア映画作家とその作品群を分析する際の新たな道筋を提供するはずだ。本稿の狙いはそのイントロダクションへと読者を誘うことである。

「抵抗」としてのスロー・シネマ

熱風とは、その場で滞留してこそ熱を帯びるものだ。東南アジア映画もまた、遅々として進展しない時間と物語展開がその魅力の回路を極限まで高めることがある。もちろん、あらゆる東南アジア圏の映画が「遅い」わけではない。また、ある特定の映画作品が「遅い」理由を、東南アジアの地域的／社会的要因、人種的および精神的要因に求めてはならない。東南アジア映画における個々の作家や諸作品をスロー・シネマのもとに一元化して検討する試みは、そうした立場とは異なるのだ。重要なことは、スロー・シネマにおける「遅さ」とはなにかという端的な問いであり、その「遅さ」はディアスとアピチャッポンにとってどう関わるかということである。

では、「遅さ」は観客がどのように感じ取るのか。『*Slow Cinema*』というアンソロジーの編者ティアゴ・デ・ルーカによると、「遅さ」は自身とその外部にある複数の持続時間の共存が形成できていない状態に生じる。デ・ルーカによれば、スロー・シネマは、映像のなかで「時間」そのものが際立つようになる。観客が作品固有の「時間」を感じ取るのは、ショットの持続時間と作品との乖離によって達成されるという。つまり、観客が反省的に時間を認識することでそこに

「遅さ」の感覚が介入する。そのためには、観客と映画のリズムとの同調に決定的なズレが生じねばならない(de Luca and Jorge, 2016, pp. 1-16)。スロー・シネマは、観客にとって「遅すぎてついていけない映画」だといえよう(※2)。

さらに「遅さ」と観客の関係性については、映画研究者のアイラ・ジャフィも述べている。映画が「遅さ」を強調すると観客は余白を感じ取り、さまざまなことを熟考するようになるという。それは観客の視線が画面上を漂流するといったジャフィの言葉で説明される。つまり、劇的要素を極度に省かれ、かつ運動を削ぎ落とされたロング・テイクを見るとき、観客はさまざまな要素を抽出しようと試みる。しかしその試みが損なわれ続けるとき、たちまち「遅さ」の感覚がせり上がってくる(Jaffe, 2014, pp. 1-14)。筆者の観点からまとめれば、観客はスクリーンに映し出された映像そのものに「遅さ」を見出しているのではない。あくまで持続的な体感としての「遅さ」こそ、スロー・シネマの基盤だということだ。

本稿ではスロー・シネマのあらゆる言説の変遷を提示できない。だがスロー・シネマのもっとも重要な性質に「抵抗」のキーワードが読み取れると筆者は考えている。スロー・シネマ概念を用いる利点は、ここ十数年ほどのあいだで地理的・政治的状況も異なる映画作家によって同時代的に共有される「抵抗」の意志を明らかにできる点にある。ワールドシネマを「遅さ」という要素によってまず一元化し、つぎに個々の作家が表す「抵抗」の姿勢を汲み取る。スロー・シネマはいわば個々の作家の特性を論じていくための理論的指針としてあるのだ。こうしたスロー・シネマがもつ「抵抗」の側面はつぎのように要約できる。①現代ハリウッド映画の「強化された連続性」への抵抗、②中央集権にたいするマイナー(周縁)の抵抗、③「速度」に馴致された観客にたいする抵抗、④単線的な時間と物語への抵抗である。

※2　古典的ハリウッド映画は、観客が映画内の時間およびリズムに同調できる多彩な仕掛けを用意していた。だが、現代ハリウッド映画は観客にショックを断続的に与え、多くの観客はそこで生じるリズムの「速さ」に追いつけないようだ。こうしたファスト・フィルムとスロー・シネマは思想的にも実践的にも逆方向に展開するものの、ふたつは最終的に弧を描いて同じ地点に着地するのではないかと筆者は考えている。このことは稿をあらためて論じたい。

もちろん、上記の要約にも留保が必要だ。まず、現代ハリウッド映画が仮想敵として置かれている点だ。①と②にかんしては、スロー・シネマを制作する作家すべてが現代ハリウッド映画の「強化された連続性」に意識的な抵抗をしてはいない（ディアスとアピチャッポンは意識的に抵抗しているが）。②の観点は、中央集権にたいするマイナー（周縁）の転覆可能性をスロー・シネマがもっているということだ。そうしたカテゴリーにアピチャッポンやディアスも属している。③にかんしても、現代ハリウッド映画が資本主義的「速度」に馴致させる大文字の観客を作り出すとするならば、スロー・シネマが観客を「再教育」していると考えたほうがよい。その点で、スロー・シネマはクィア的表現やローカルな政治的問題への応答があるのも示唆的である。つまり、それらの描写が時間の緩慢な描写によって極度に前景化しているため、観客はそれを黙々と見続けることでさまざまな思索を促されるのだ。

本稿で重要なのは、②「中央集権にたいするマイナー（周縁）の抵抗」である。アピチャッポンならば、東北タイの特異なリズムを「遅さ」と絡めることで強調してきた。そのリズムと時間と物語の脱臼という事態は、突如挿入される静止画面として観客の眼前に差し出される。他方でラヴ・ディアスは、緩慢だが厚みのある時間描写で知られている。ときに五〇分間のロング・テイクも厭わない彼の映像実践は、後にも述べるように周縁の歴史の「忘却」への抵抗として「遅さ」が必然的に生じてくるのだ。

「遅さ」は何のためにあるのか——ラヴ・ディアスとアピチャッポンの場合

拙インタビューにもあるように、アピチャッポンは編集の段階で「遅い」と見なしたシーンやショットはすべてカットしているため、自身の作品を「遅い」と感じたことがないという。ここ

※3　ラヴ・ディアスについては以下の議論を参考にしている。William Brown, “Melancholia: The Long, Slow Cinema of Lav Diaz,” *Slow Cinema*, eds., Tiago de Luca and Nuno Barradas Jorge, UK: Edinburgh University Press, 2016, pp. 112-122. Nadin Mai, “The aesthetics of absence and duration in the post-trauma cinema of Lav Diaz,” PhD thetis, The University of Stirling, July 2015.

からわかるのは、彼はスロー・シネマ言説をもとに「遅さ」を生成していないということだ。スロー・シネマとは、作品に先立つものではない。それはいつも作品の後から遅れてやってくるのだ。スロー・シネマは、いまのところ批評活動において有効なカテゴリーでしかない。それゆえに厄介なのだ。

本節ではラヴ・ディアスとアピチャッポンの映像実践をスロー・シネマの側面から考える。端的にいえば、「遅さ」とは政治的な問題に関連している。そしてディアスは時間を顕在化させる映像作家であり、アピチャッポンは時間を逆なでする映像作家である。

ラヴ・ディアスはスロー・シネマを象徴する映画作家だ(※3)。あまりに長大な上映時間(八時間を越えることもある)を採用し、ときには五〇分を越えるロング・テイク(*Heremias*)でさえ多用する。ときに遠隔地や目に見えない場所に生息する限界的な人々(低賃金の手作業労働者、貧しい農業者、失業者、卑劣な犯罪者、麻薬中毒者)に焦点をあて、グローバリゼーションや金融資本の膨大なフローによってますます不明瞭かつ不可視になりつつあるフィリピンの動向を捉えようとしている。そこに「遅さ」の感覚が要請されるのだ。

たとえば、ディアスの『メランコリア』(08未)は「暗闇」を強調する。観客にそれを凝視させることを要請するのだ。「暗闇」という不可視なものの凝視は、同様に不可視なものを凝視する時間の体験と重なりあう。映画研究者ナディン・マイによれば、『メランコリア』は、暗闇そのものを観客に提示するある種の「反」映画でもある。もちろんその「暗闇」はディアスにとって比喩的に用いられている。つまり、本作品で描かれるフィリピンの暗い歴史の堆積、何も起こらない無為な時間(デッド・タイム)、そして資本主義からの逸脱というテーマは、「暗闇＝時間＝不可視」という連想を強固にするのだ。ここで観客の「遅さ」を喚起するのは暗闇であり、不可

※4　アピチャッポンについては以下の議論を参考にしている。Glyn Davis, "Stills and Stillness in Apichatpong Weerasethakul," *Slow Cinema*, eds., Tiago de Luca and Nuno Barradas Jorge, UK: Edinburgh University Press, 2016, pp. 99-111.

視性であり、それらが画面で強調されることによる時間の堆積である。ディアスは物質的なゴツゴツとした感触をともなって時間を顕在化させる。それはフィリピンの歴史的悲劇を遡行する道程なのである。ナディンによれば、ディアスの作品はフィリピンの過去を取り戻すことをわたしたちに許すのだ(Mai, 2014, pp. 38-41)。

ナディンがいうには、ディアス作品は忘却に抵抗する。それは統一体としての社会が「記憶喪失」した過去に焦点をあてることだ(Mai, 2014, pp. 38-41)。スロー・シネマの抵抗の一特性として筆者が先述した「中央集権にたいする周縁(マイナー)の抵抗」は、ここでディアスと重なり合う。その緩慢な「遅さ」のなかには、フィリピンの歴史における排除と抑圧の力学が緊迫した糸のように張りめぐらされている。「遅さ」と緊迫さが拮抗し、相互に依存するという構造を彼は隠そうとしない。このディアスにとっての「遅さ」とは、ときに血生臭い暴力的描写を伴いながら、無数の歴史の糸で観客を絡め取るために要請される必然的な時間の厚みだったのだ。

さて、アピチャッポンは静止画面を用いて単線的な物語展開に楔を刺す(※4)。その実践は観客の物語への没入を不安定にし、別の時空間的な拡がりを示唆する。それだけでなく、アピチャッポンの用いる静止画面はしばしば政治的意味を挿入する役割を担う(Davis, 2016, pp. 99-108)。たとえば代表作『ブンミおじさんの森』(10)の終盤、死を間近にするブンミが夢を見る。その夢のシークエンスは一〇枚の静止画面がスライドショーのように展開する。ジャングルに潜行する兵士の若者たち、首に紐が結わえられた猿の着ぐるみ、若者たちが愉快げに写真撮影に興じる姿が次々と提示される。これは東北タイのナブア村で起こったタイ共産党員による虐殺の歴史を「フィクショナル」に提示する。つまり、ある種の歴史の再演を静止画面のなかでおこなっており、このなかでは被害者と加害者という権力的関係が実際の歴史的状況とは真逆に位置付けられてい

コラム

る。この静止画面は、本作におけるブンミの死という抗えない時間と物語を破壊する可能性さえ含み持ちながら、別の過去や未来がつねに隣り合わせであるという端的なメッセージを観客へ直接投げかけるのだ。静止画面の挿入は時間を逆なでする破壊的な要素なのだ。

その点で、アピチャッポンの「遅さ」とはつねに破壊的側面をともなう。つまり彼は映画が映画であるためのぎりぎりの張力をつねに模索しているのだ。彼の生み出す「遅さ」は、観客を現在とは異なる時空間へ移行させ、ときに観客をまどろみのなかへと誘う。たとえば中編映画『メコンホテル』(12)は、その尺の短さにかかわらずアピチャッポンのなかでもっとも「遅さ」を喚起させるものだ。永遠に続くような甘いギターの調べが本作のBGMを兼任しており、気だるい本作のリズムを決定づけている。しかもその音は物語空間と異なる時空間(何らかの映画撮影の現場)で練習中のギター演奏なのだ。観客の持続的時間はギターの音声によって引き延ばされるように制御され、肝心の画面は豊かな運動も情動をかきたてる展開も見出せない。そこに映るものは映画の残滓だ。つまりアピチャッポンの「遅さ」とは、「これは映画である」と見ている観客に何度も自問させるとともに、同時に自らの作品には「はたしてこれは映画なのだろうか」と矛先を容赦なく内向きに返す実践なのである。その均衡と破壊のせめぎ合いが「遅さ」の生成に賭けられている。

本稿は簡潔にスロー・シネマ言説を概観し、ラヴ・ディアスとアピチャッポンをスロー・シネマ的観点から見るイントロダクションである。ひとまず東南アジア映画の可能性は、「遅さ」という側面から取り出せるのではないか。熱風はわたしたちの眼前で滞留している。いま、この機会を逃す手はない。

ベトナム

Socialist Republic of Viet Nam

ベトナム・アクション映画の魅力
〜ゴ・タイン・バンを中心に〜

宇田川幸洋×浦川留×坂川直也×夏目深雪（司会）

構成：夏目深雪

（アクション）女優であり、映画製作者、映画監督でもあるゴ・タイン・バン。ベトナム映画を底上げしている彼女をテーマにした上映付レクチャー&トークが行われた。坂川直也氏の濃密なレクチャーに続き、映画評論家の宇田川幸洋氏と映画ライターの浦川留氏を招いて、夏目深雪氏の司会による鼎談が行われた。

ゴ・タイン・バンとの出会い

夏目　浦川さんには『激闘！アジアン・アクション映画大進撃』（洋泉社ムック・映画秘宝EX）で「2000年以降の女性ファイターたち」という論を寄稿して頂きました。浦川さんはベトナム映画祭2018でゴ・タイン・バンが主演の映画を観て、「もっと前にこれらの映画を観ていたら、女性ファイター論にゴ・タイン・バンを入れていたのに」とおっしゃっていましたね。

浦川　私はゴ・タイン・バンの『The Rebel 反逆者』（07／チャーリー・グエン）を観て、すっかりやられまして、完全に周回遅れのファンになりました。この映画が二〇〇七年の時点で日本で公開されていれば、というのが本当に返す返すも残念なんですが……。それからインタビューなどで調べてみました。

　ゴ・タイン・バンはベトナム生まれでその後ノルウェーに移住。十代でベトナムの芸能界を目指して、まず歌手、モデルやダンサーもやり、『The Rebel 反逆者』をジョニー・グエンとチャーリー・グエンがやるという話を聞きつけて、自ら売り込んだということですね。その時点ではダンスは上手かった、もちろん運動神経もよかったでしょう。ただアクション女優を目指していたわけではなかったようです。その後、ジョニー・グエンに鍛えられてここまでになったというのが、すごいなと思うんですね。ミシェル・ヨーはバレリーナだったし、ジージャー・ヤニンもテコンドーをやってました。そういう素地がないのに、まぁ本人の素質がすごかったんだろうな、と思います。

浦川留

坂川　ゴ・タイン・バンは『The Rebel 反逆者』の主役のジョニー・グエンと当時付き合ってたんですね。ジョニー・グエンは今サイゴンに武術やスタントの道場を持っていて、まさにブルース・リーみたいですけど、そこでみっちり鍛えられたんじゃないんですかね。でもまぁ鍛えたらあんなハイキック打てるようになれるのか、恐ろしいなという感じはありますけど。

夏目　宇田川さんはゴ・タイン・バンに関してはほとんど知らなかったということでしたが……。

宇田川　ええ。先月大阪アジアン映画祭2019で『ハイ・フォン』(19／レ・ヴァン・キエ)を観たのが最初で、このトークのために『The Rebel 反逆者』と『CRASH クラッシュ』(09／レ・タイン・ソン)を観たんですが、でも夏目さんにずいぶん期待を煽られていたので、「思ったほどではなかったな」とか思っちゃって……。

『The Rebel 反逆者』
ポスター

夏目　そうですか(笑)。宇田川さんは『アジア映画の森　新世紀の映画地図』(作品社)という二〇一二年に出た本に、アクション絡みのエッセイをお書きいただいています。「アクション映画〝痛み〟の系譜――香港からタイ、ふたたび香港へ」というタイトルで、香港のアクション映画がワイヤーアクションやCGを多用するようになり、俳優の身体から立ち上がる本来の〝アクション魂〟を忘れてしまったのではないか。そこでトニー・ジャーの『マッハ!』(03／プラッチャヤー・ピンゲーオ)やジージャー・ヤニンの『チョコレート・ファイター』(08／同)のような映画――スタントやワイヤー、CGを使わなかったり、痛みをともなうアクションなど俳優の肉体表現が重視された映画――がタイで花開いた。そういった内容でした。これが二〇〇〇年代のアジアのアクション映画の状況だとすると、今二〇一九年ですが、ゴ・タイン・バンのようなアクション女優がベトナムで花開いたことに関してはどのように思われますか?

宇田川　出てきたこと自体は喜ばしいと思いますよ。タイのアクション映画が、あれだけ一時期盛り上がったけど、今はどうなっちゃったのかよく分からない状況だし。トニー・ジャーも香港映画のゲスト的に出るようになってしまった。本当に一握りの監督とアクション俳優でもっていたんだ、ということがはっきりしてしまった。タイ映画が香港映画の忘れかけていた〝アクション魂〟を目覚めさせてくれて、今でも香港映画のアクションは健在だと思いますけど。

夏目　痛みの系譜ということではどうですか。ゴ・タイン・バンは入らない?

宇田川　痛みの系譜というのは、ジージャーの闘い方がとても痛そうなので、そこから湧いた発想なんですよ。ゴ・タイン・バンは目力(めぢから)もあるし骨も強そうだし、あんまり痛いって感じはしないですが、ワイヤーやCGに頼らないということでは、同じ系譜と言えますね。だから、さっき浦川さんがおっしゃったように二〇〇七年の時点で観ていれば、もっとインパクトがあったと思います。『チョコレート・ファイター』の前年ですよね。

ベトナム・アクション映画の特異性

夏目　ゴ・タイン・バンに対する反論は後でまとめてやるとしまして、本日は中華圏のアクション映画に詳しい浦川さんと、東南アジア映画全般に詳しい坂川さんにせっかく同席していただいているので、その辺りの行き来や影響の受け合いのようなことをお伺いできればと思います。まずは浦川さんからいかがでしょうか。

浦川　さきほどの坂川さんのレクチャーで、ベトナムで一〇年くらい娯楽映画を作れない時期があったという説明があったかと思いますが……。

坂川　七五年以前の南ベトナムの映画って封印されていて、海外に持ち出したものは別ですが、全て観れるわけではないんですね。さきほどのレクチャーでお見せしたダン・ニャット・ミン監督によるドキュメンタリー映画でショウ・ブラザースの映画が槍玉にあがっているシーンがありましたね。サイゴンで香港のアクション映画が上映されていたことは分かるんですが、その影響を受けたアクションがどういったものだったのかというのは分からないんです。『壮士ボデ』（91未／レ・モアン・ホアン）をレクチャーでもお見せしましたが、あれを観てもそんなにすごいアクション映画はなかったんじゃないかと思います。

宇田川　武侠ものみたいな映画でした。あれなんか六〇～七〇年代の香港映画の影響の痕跡を残しているような感じですね。

坂川　武侠は東南アジアで小説化されたり漫画化されたりしています。インドネシアのシラットを使ったアクション映画も、それらの流れの中に入ります。まぁ、そういう感じで南ベトナムにもコミックの影響を受けたアクションがあったかもしれないけど、分からないですね。

宇田川　それはフィルム自体がないんですか？　それともどこかに保管してある？

坂川　ベトナムってハノイとサイゴンと、二つのフィルムアーカイブがあるんですね。サイゴンの方に封印されているんじゃないかっていう噂があります。ただあくまで噂です。メロドラマやホラーやコメディに関しては観たことがあるんですが、アクションに関しては観たことがないので、分からないことが多すぎる。

左:坂川直也　右:宇田川幸洋

夏目　『マッハ！』で、冒頭のトニー・ジャーが逃げていくところで、車の下をすり抜けたり小道具を使ったりというシーンが、ジャッキー・チェンへのオマージュだと言われていますね。今日たまたま『伝説の男』（08／リュー・フイン・リュー）を抜粋でかけていただいたというのもあるんですが、ブルース・リーについての言及が多かった気がします。ベトナムではジャッキー・チェンよりブルース・リーなんでしょうか？

坂川　そんなことないんですよ。今日抜粋上映するか悩んだやつに、『カンフー・フォー』（15末／グエン・クォック・ズイ）という映画があって、ベトナム料理のフォーのことですけど。コメディ的なアクション映画は系譜としてあります。その映画を観ると、チャウ・シンチーの影響を感じます。

浦川　『サイゴン・ボディガード』（16／落合賢）を観ると、お笑いアクションですよね。

坂川　東南アジアの興行収入のトップを調べられる限り調べたことがあって、トップはコメディなんですよね。四方田犬彦さんもおっしゃってますが、東南アジアのローカル映画ではジャンルが結びつくし、区分けがゆるいです。ホラー・コメディもあれば、アクション・コメディもある。でもベースはコメディです。チャーリー・グエンが『チャイナタウン』（13末）が国内でお蔵入りになった後、コメディ路線に行ってしまいましたが、そのコメディ映画もアクション映画としてもレベルが高いし、面白いんですよ。

　東南アジアにおいてコメディ映画は、そんなに爆発的なヒットは望めないにしても手堅い需要はあって、『サイゴン・ボディガード』なんかはそれに乗っかった作品だと思います。

夏目　グエン・クアン・ズン監督の『超人X』（14）なんかもそうですよね。

坂川　そうですね。ズン監督はコメディをずっと撮っていた人なので。

夏目　さきほど宇田川さんが中華圏は武侠文化があるので、文化があって型がある中でアクション映画が撮られるけど、東南アジアのアクション映画は殴る蹴るのリアリティの中で撮られる、という話をしていたと思いますが……。

宇田川　いや、僕が言いたかったのはね、ベトナムのアクション映画を観ていて、香港のクンフー映画というのは非常に特殊だなぁと改めて気が付いたのはね、そこにあきらかにクンフーの文化があるんですよ。道場があって実際にやっている人がいて、それが映画になるという。で、クンフーの歴史から題材を拾えるし。いちいちクンフーの技の名前を言うでしょ。名前がついているんですよね。そういうのゴ・タイン・バンの映画にはないじゃないですか。技は無名ですよね。あるかもしれないけど、言わない。

　香港映画では技にみんな名前がついているのは、多分キン・フー（胡金銓）とチャン・チェ（張徹）の分かれ目だったかなと思います。キン・フーは技は無名なんですよ。チャン・チェは『嵐を呼ぶドラゴン』（73）の前にくっつけた短編があるんだけど、全部字でこの技は何、という説明を出します。あの人は南派の拳法を勉強して取り入れているんで。それが結構広がっているんじゃないかと思います。あとブルース・リーの先生イップ・マン

夏目深雪

の話を映画にしたり、そこからまた外伝を作ったり。そういう文化があるんですよ。アメリカの西部劇がカウボーイ文化があって生まれてきたのと同じように。その土台があるところのアクションと、そうじゃなくていきなり映画のアトラクション要素としてアクションをやっているところとは味わいが違うなと。

坂川　『ガルーダ・パワー』(14／バスティアン・メーソンヌ)という映画があって、インドネシアのアクション映画に関するドキュメンタリーなんですが傑作です。インドネシアでアクション映画を作りたいと思って、でも技術がない。それで香港からスタントを呼んで、やっと八〇年代にアクションらしいものを作る。それだけ七〇年代のショウ・ブラザースとブルース・リーが特別だったということです。

宇田川　ハリウッドも呼んだわけですよね、香港から。最初はどこも香港の技術を取り入れて、九〇年代以降のアクションのスタンダードができていくんですね。

坂川　ベトナムの場合、おそらくブルース・リーが出てきた頃から断絶しているので、さらにアクション映画に関しては遅れるんですよね。

断絶から立ち上がり、男女が共に闘う ——新しい時代のアクション映画

夏目　ベトナム映画はいったん断絶してしまったからこそ、ボビナムなど母国の武術を取り入れて……。

浦川　ボビナムは、一九三六年に設立された、東洋武術と西洋の格闘技のいいところ両方を取り入れて作った武術ですよね。それより古いビンディン武道など、そういったものをどうやって映画に取り入れていくかっていうのは、最初に一回、香港映画を模倣するところから始まって……。

夏目　そう、そこから立ち上がっていくという。インドネシア映画も『ザ・レイド』(11／ギャレス・エヴァンス)でシラットを取り入れてヒットとなったわけですよね。ゴ・タイン・バンも『ハイ・フォン』でアクション女優としては引退という話が出ていますが、ぜひこれからも頑張ってほしいですね。

　それではここからゴ・タイン・バン好きの三人が宇田川さんに反論します。私はさきほど宇田川さんに「期待したほどでもなかった」と言われて、でもそんなには反論できなかったのは、確かにゴ・タイン・バンだけでみると、美人だしスタイルもすごくいいんですけど、ミシェル・ヨーやチャン・ツーイー(章子怡)ほどの華があるわけではないのかな、という気がします。

浦川　えー、もっとも華があると思いますけど。

夏目　私も浦川さんと同じく『The Rebel 反逆者』ですごくハマったんです。で新作の『ハイ・フォン』は正直そこまでではなかったです。で違いは何かと考えると、やはりジョニー・グエンとダスティン・グエンがすごかったのではないかと。

坂川　そりゃそうですよ。

夏目　雑誌『ユリイカ』に『バーフバリ』論を書いた時に、男女が一緒に闘う良さというようなことを書きました。男性だけが闘う、女性だけが闘う、或いは男性

と女性が敵対するというのはあったと思います。ただ『バーフバリ』は男女が闘う、それも女性が補佐的な役割というのではなく、全く対等です。そこに新しさがあったのではないかと思います。私が取り上げたのは男女が背中合わせで弓を射るシーンでしたが。

宇田川　あのシーンはよかったよね。

夏目　『The Rebel 反逆者』は一緒に闘うジョニー・グエンもいいけれど、敵役のダスティン・グエンがまたすごい。この三つ巴によって、ゴ・タイン・バンが光り輝いていたという話ではないかと思います。『バーフバリ』のあの弓のシーンに匹敵するようなシーンがいくつかあったのではないかと。

浦川　男女二人が闘うというのは武侠ものではよくあって、『バーフバリ』で男女が背中合わせで弓を射る場面は金庸の『神鵰俠侶』のようだな、と思いました。

『CRASH』ポスター

　ベトナムのアクション映画は歴史が浅く本数も少ないので、ジョニー・グエン、チャーリー・グエン、ダスティン・グエンの功績は、香港におけるブルース・リー、ジャッキー・チェン、サモ・ハンの功績に匹敵するものがあると思うんですね。で、さらに『The Rebel 反逆者』で女の子にも対等に闘わせるというのは、新しい時代だからこそできたことではないかと思いました。

　それと『CRASH クラッシュ』も、二人が当時恋人だったことからお互い最高のところを見せ合う、みたいな化学反応もあったのではないかと。

夏目　そうですよね。私も二人が恋人だったというのも大きいのではないかと思っていて。

宇田川　二本ともすごいラブシーンがあるよね。

夏目　そう。アクションがすごいだけではなく、愛とかエロスもあって。

宇田川　エロスはあんまり感じなかったんだけど……。男と女の違い？　坂川さんは？

坂川　男と女に分けちゃうんですか？　僕はアクションの方に集中して観ちゃうんで……。

夏目　そうですかね。私はベトナムらしいトラン・アン・ユンからファン・ダン・ジーという系譜の隠れたエロスを感じたんですが……。

浦川　隠微な感じはしないんですけど、化粧もしてない、アオババ（南部の農民服）着ている素足のゴ・タイン・バンから香ってくるものはありますね。

宇田川　最後に一つだけ。今回観て、他のところでは香港のアクションに及んでないと思ったけど、回し蹴りの時の回転数だけは上だな、と思いました。これからはフィギュア・スケートの選手もアクションやるといいと思いますよ。

夏目　ゴ・タイン・バンの映画が、これからもっと日本でも観られるようになるといいですね。本日はどうもありがとうございました。

——二〇一九年四月三日、「ベトナム映画の夕べ」
アテネ・フランセ文化センターにて

ベトナム映画史

坂川直也

初期——南北に分かれたベトナムの、それぞれの歩み

ベトナム、正確に言えば、ベトナム社会主義共和国は別々の国だった、北のベトナム民主共和国（首都ハノイ）、南のベトナム共和国（首都サイゴン）が統一されて、一九七六年に建国された。南北統一以前、北と南では対照的なフィルムが製作、上映されていた。まず、北のハノイでは、ソ連や東側諸国のフィルムが上映され、国営撮影所（ベトナム劇映画スタジオ他）の統括の下、社会主義リアリズムの影響を受けた、抗米・祖国統一と社会主義建設の二つのテーマの国民映画（ナショナルシネマ）が製作された。北を代表する劇映画を一本あげるとすれば、戦争映画『愛は一七度線を越えて』（72／ハーイ・ニン）である。主演は北を代表する女優チャー・ザンで、彼女は一九七三年、第八回モスクワ国際映画祭の最優秀主演女優賞を授与された。

一方、南のサイゴンでは、西側諸国のフィルムが上映され、主に民間映画会社のもとで、メロドラマ、コメディ、怪奇などの商業娯楽映画が製作されていた。『サイゴンの火焔樹』（ウェッジ、二〇〇九年）で、一九七五年前後にサイゴンに滞在した牧久は「サイゴンでは、映画は市民の最大の楽しみの一つ」と述べている。南を代表する劇映画として、歌謡メロドラマ『午後の日差し』（73末／レ・モン・ホアン）を挙げることができる。主演は女優タン・ガー、彼女は南部の大衆オペラであるカイルオン出身で、北のチャー・ザンと同じ一九四二年生まれである

七五年の統一後——国民映画路線から衰退へ、そして娯楽映画の復興へ

一九七五年四月三十日、北によるホーチミン作戦により、サイゴンは解放／陥落、ベトナム共和国は消滅し、南北が統一された。勝者である北側のベトナム劇映画スタジオのスタッフたちは、ホーチミン作戦に随伴し、作戦開始からサイゴン解放後の街の様子まで記録したドキュメンタリー映画を製作することで、北の勝利を国内外にアピールした。一九七六年に建国されたベトナム社会主義共和国政府の映画局は、南の共和国政権下の映画を敵国アメリカの影響を受けた「新植民地映画」として批判したうえで封印、公式のベトナム映画史から排除した。さらに、南部でも、民間から国営の撮影所や映画館へ、二重検閲制度へと北の映画製作方式を導入する。その結果、南の映画人たちは国外亡命組と国内組との二つに分かれた。しかも、国内組は北の国策国民映画路線へ転向を余儀なくされた。

History of …

一九七九年の中越戦争を境として、国営撮影所の中にも、社会主義リアリズムと現実とのギャップに違和感を持ち、新しいベトナム映画を模索する動きが出てくる。劇映画では『十月になれば』（84）のダン・ニャット・ミン監督であり、ドキュメンタリーでは『思いやりの話』（84）のチャン・ヴァン・トゥイ監督である。そのなかには、『兄と弟』（86末／チャン・ヴー）の脚本家で、後に長編小説『虚構の楽園』（88）を発表する作家のズオン・トゥー・フォンも含まれる。

しかし、一九八六年、市場経済システムの導入と対外開放化を柱としたドイモイ（刷新）政策以降、西側諸国の外国映画が急激に流入し、ベトナム映画を苛酷な市場競争に追い込み、ベトナム映画は衰退の一途をたどる。一九九〇年に、年間制作本数が三〇だった劇映画が年間四本（二〇〇一年）にまで減少、どん底まで落ち込む。そこで二〇〇二年十二月三十日に、当事の文化省（現在、文化スポーツ観光省）はこの危機に対する打開策として、民間の映画制作会社の設立を許可し、制作費を出してくれるスポンサーが見つかれば、検閲は完成後の一回にする決定を下す。この規制緩和は、ベトナムに民間の映画会社、さらには民間の映画館、つまり、興行としての映画の仕組みを復活させるきっかけをつくった。二〇〇四年六月、民間映画会社ギャラクシーによる、規制緩和後、初の商業娯楽映画『美脚の娘たち』（ヴー・ゴク・ダン）が公開され大ヒット。続いて、二〇〇五年五月、ギャラクシーはベトナム初のシネコンをホーチミン市に開店し、シネコンが続々と建設され、シネコン時代が始まる。

シネコンの増加に伴い、観客の好みも昔ながらの国民映画から商業娯楽映画へ移行、作り手もハノイの国営撮影所育ちの年寄り世代から、帰国した越僑（在外ベトナム人）の二世を中心として民間映画会社に集う若い世代へ交代した。いまや、ベトナム映画の撮影・製作現場の中心は北のハノイから南のホーチミン市、現地の人々の呼び方に従えば、サイゴンである。若い世代はサイゴン解放後、大半が失われた商業娯楽映画のノウハウを海外から積極的に取り入れ、巧みにローカライズ（現地化）することで、ベトナムの商業娯楽映画の復活を遂げつつある。

二〇一九年春の時点で、テト（旧正月）公開のラブコメ映画を追い抜き、ベトナム歴代興行収入第一位に輝いた大ヒット映画が、韓国の映画会社ロッテカルチャーワークスとの合作による、ゴ・タイン・バン主演のアクション映画『ハイ・フォン』（19／レ・ヴァン・キエ）であることが、現代のベトナム映画の活況を象徴している。

ベトナム

作家論

ヴィクター・ヴー

越僑の視点を生かし、ハイブリッドな作品で国民映画から脱却

坂川直也

ヴィクター・ヴーは越僑（在外ベトナム人）でありながら、ベトナムで人気と評価の両方を勝ち得た監督である。彼は一九七五年に、ベトナムからアメリカに移住した両親の息子として生まれ、カリフォルニア州の北ハリウッドで育った。ロヨラメリーマウント大学（ロサンゼルス）で映画制作を学び、一九九八年に卒業する。チャーリー・グエンを主演に据え、ボートピープルとして南カリフォルニアに移住した越僑一家を描いた『年初の朝』（03未）で、アメリカで長編劇映画デビューを果たす。ホラー映画の二本をアメリカで監督した後、ベトナムへ帰郷。アメリカに留学した二人の若いベトナム男性が体験する、苦い恋愛映画『愛へのパスポート』（09未）をベトナムで当時、新興だった民間映画会社で監督し、ベトナムの観客に大受けした。しかし、次のスリラー『運命の交差点』（10未）でアメリカ映画からの剽窃疑惑がネットで広がり、ベトナムでの高評価から一転し、厳しい批判にさらされた。ただし、翌年に監督した、ラブコメディ『花嫁大戦』（11未）が大ヒットしたことで、悪評の払拭に成功する。

ヴーは当時のベトナム映画ではまだ珍しかったラブコメディ、アクション、そしてサイコスリラーなどのジャンル映画を海外から持ち込んで、ベトナムの観客の好みに合うようにローカライズ（現地化）したことで大ヒットにつなげた。異種混交（ハイブリッド）なベトナム映画を生み出すことで、娯楽映画を復活させた立役者のひとりである。しかも、ヴーの作品は、ベトナムで主流だった戦争や革命が主題であるナショナリズムの映画、つまりベトナム国民映画に対して、批評的な表現が随所に見受けられる。たとえば、『年初の朝』において、国民映画における敵で、ベトナム

社会主義共和国における敗者である、旧ベトナム共和国の人々を取り上げた。プレイボーイとそのガールフレンドたちとの争いをめぐるラブコメディ『花嫁大戦』、その続編『花嫁大戦2』(12未)で、「大戦」というベトナム国民映画によって尊い言葉を使用し、神聖な戦いのイメージを男と女の間の戦いという卑近な争いへと茶化した。

武侠アクション『ソード・オブ・アサシン』(12)の原題は「英雄の天命」であり、主人公は実在の英雄グエン・チャイ(一三八〇—一四四二年)の孫で、皇帝暗殺の罪を着せられ、三族処刑されたなかで唯一生き残りの子孫と設定されている。最終的に、血で血を洗う復讐の連鎖を断ち切るために、自身の復讐を放棄する、ベトナムの国民映画で描かれなかった、新たな英雄像を提示した。ヴーは排除されてきた越僑や旧ベトナム共和国国民という敗者の視点を盛り込むことで、ベトナム国民映画から脱却を図った。

『草原に黄色い花を見つける』

日本で劇場公開された『草原に黄色い花を見つける』(15)以降も、ヴーは精力的に映画制作を続け、日本でDVDが発売されたスーパーヒーローアクション『マン・オブ・ザ・スイッチ』(17)、不死をテーマにした歴史ファンタジー『不死の人』(18未)がベトナムでは劇場公開されている。現在、『草原に黄色い花を見つける』の原作者で作家のグエン・ニャット・アインの小説『つぶらな瞳』(邦訳/てらいんく)の映画化を進めている。日本でDVDもしくは上映されたヴーの作品は文芸作品とアクションに偏っており、アクション以外のジャンル映画、『花嫁大戦』シリーズや、サイゴンのショービジネスの暗部を題材にしたサイコスリラー『スキャンダル』(12)、『スキャンダル 戻る輝き』(14未)、そして、『サイゴン・ボディーガード』(16/落合賢)の主演俳優タイ・ホアの舞台演劇を映画化したホラー『血の心臓』(14未)などが日本であまり知られていないのは残念である。ベトナム社会のアウトサイダーである越僑という出身を活かし、ハイブリッドな作品で国民映画から脱却、ベトナム映画界を進化させている、ヴーのグローバルかつローカルな風味を残した映画が今後も、日本で注目されることを期待する。

作家論

グエン・クアン・ズン

娯楽映画でベトナムの抑圧されてきた時代・人々・音楽を表現

坂川直也

グエン・クアン・ズンは、ベトナムの抗米救国戦争映画を代表する『無人の野』(79)のシナリオを書いた作家グエン・クアン・サンの息子として一九七八年に生まれた、いわゆる二世監督である。二〇〇〇年、ホーチミン市映画演劇学校卒業後、ベトナムの民間映画会社BHDに勤める。規制緩和後、民間会社による初の商業娯楽映画『美脚の娘たち』(04/ヴー・ゴク・ダン)の音楽を担当、エキストラ出演もしている。二〇〇五年にホーチミン市に設立した映画製作会社HKフィルムに移り、ジョニー・グエン主演で、有名なベトナムの民話を元にした入れ替わりコメディ『チュオン・バの魂、肉屋の皮』(06未)で監督長編デビューを果たした。その後、同じくジョニー・グエン主演のホラーコメディ『死神のキス』(08未)、『死神の救出』(09未)、そして、南部ニャチャンのビーチリビートホテルを舞台とした青春ミュージカル『輝けるキス』(10未)を監督。父親がホーチミン市劇映画スタジオ(国営)で旧世代の国民映画の脚本家として活躍したのに比べ、ズンは民間映画会社による新興の大衆娯楽映画のヒットメーカーとして活躍してきた。ヒットメーカーとしては、ベトナム初の3D武侠アクション『レディ・アサシン 美人計』(13)で、当時のベトナムの歴代興行収入記録を塗り替え、第一位に輝いた。

ズンの作品を象徴するキーワードは『輝けるキス』に集約されている。「キス」は『死神のキス』でも使用され、「輝ける」は韓国映画『サニー 永遠の仲間たち』(11/カン・ヒョンチョル)のベトナム版リメイク『輝ける日々に』(18)でも使用されている。つまり、ズンの作品は偉人や英雄ではなく、等身大のベトナムの若者たちの恋愛と青春を映してきた点に人気の秘密がある。しかも、近年に入り、旧世代の国民映画では隠蔽されてきた人々の青春を映すように変化しつつある。ヒーローアクション『超人X.』(15)では同性愛者の青年を、『ベトナムを懐う』(17)ではボートピープルの友情と家族愛を、『輝ける日々に』ではベトナム共和国(南ベトナム)時代のダラットで青春を謳歌する女子高生たちを取り上げた。最新作『秋の約束』(19末)は事故による一五年間の昏睡から目覚めた、元男子高校生が初恋の彼女を探すラブコメである。

さらに、ズンは『美脚の娘たち』の音楽を担当し、人気オーディションTV番組『ベトナム・アイドル』の審査員を務めていた点からもわかるように、音楽に対する造詣が深く、音楽の使い方に長けている。たとえば、『ベトナムを懐う』の原題は南部ロンアン省生まれの音楽家、カオ・ヴァン・ラウ(一八九二—一九七六年)が創作した歌の題名で、直訳すれば「夜の太鼓の音を聴き、夫を想う」である。『輝ける日々に』では、「黄色い音楽」と呼ばれている、ベトナム共和国時代に流行した歌謡曲やポピュラー音楽(一九七五年以降、共産主義政府から退廃音楽として一時、抑圧された)を積極的に使用した。ズンがプロデューサーを務めた『ベトナムの怪しい彼女』(15/ファン・ザー・ニャット・リン)でも、黄色い音楽を代表する音楽家であり、日本では天童よしみが歌う「美しい昔」の作曲家としても知られている故チン・コン・ソン(一九三九—二〇〇一年)の曲を使用した。この『ベトナムの怪しい彼女』のプロデューサーと監督のコンビで、チン・コン・ソンの二〇歳から四〇歳頃までの人生とソン氏の音楽をテーマとした映画を製作し、ソンの二〇回忌となる二〇二一年四月一日に映画を公開することを発表した。

『ベトナムを懐う』

ズンはベトナム国民映画が社会主義リアリズムを信奉するあまり、①失ってしまった若者たちの等身大の恋愛と青春、②隠蔽されてきた人々、そして③抑圧されてきた「黄色い音楽」と呼ばれる歌謡曲を、作品で積極的に取り上げることにより、ベトナム映画を再生させ、ズン自身も年齢とともに、娯楽映画の皮を被った社会派監督もしくはプロデューサーに変化しつつある。

作家論

ブイ・タク・チュエン

坂川直也

ブイ・タク・チュエン（一九六八年〜）は掴みどころのない予想外な監督である。長編デビュー作で、NHKと共同制作した『癒された土地』（05）では一九七五年の戦後、ベトナム共和国（南ベトナム）の帰還兵とその家族の生活に焦点を当て、勝者ではなく敗者の戦後を地雷原の推移とともに描き、国内で高く評価された。続く第二作目の『漂うがごとく』（09）は首都ハノイを舞台に、満たされない内面を抱えながら彷徨う現代ベトナム女性の揺れをカメラの揺れともに映した、ベトナムのミケランジェロ・アントニオーニと呼びたくなるフィルムである。『癒された土地』が土の映画であるなら、『漂うがごとく』はクライマックスの大洪水が象徴するように、水の映画だと言える。

そのままアートフィルムを撮り続けるという周囲の予想を裏切り、彼は長編三作目で、大手の映画会社ギャラクシー製作による、ホラー映画『血艾の呪い』（12末）に挑戦する。人々の血を吸い上げ、巨大な血管のように巨樹へと成長した紅いヨモギが象徴するように、『血艾の呪い』は血と植物が禍々しく融合したホラー映画である。しかし、『血艾の呪い』は興行としては、同年、公開された、ゴ・タイン・バン主演のホラー『路地の家』（12／レ・ヴァン・キエ）と比較すると、成功に恵まれなかった。

『漂うがごとく』

それ以来、チュエンは長編劇映画の監督から遠のいていたが、現在、久々の新作を準備中だ。その新作とは、ベトナムのニューウェイヴを代表するプロデューサー、チャン・ティ・ビック・ゴックと組み、最南端のカマウ省出身で南部方言に基づいた作風で知られる女性作家、グエン・ゴック・トゥーの小説『輝ける残灰』の映画化である。

作家論

チャーリー・グエン

坂川直也

　ベトナム映画のアクションとコメディを変革した男。チャーリー・グエンは後世、そう評されることは確実である。彼は一九六八年、サイゴンに生まれ、家族で一九八一年にカリフォルニア州に移住した、越僑(在外ベトナム人)である。弟はスタントマンで、ベトナム映画のニューウェイヴを代表する俳優でもある、ジョニー・グエン。二〇〇四年から、ベトナムの映画制作会社チャン・フオンに加わる。アメリカで学んだ映画制作と武術を活かし、『The Rebel 反逆者』(07)を監督、脚本、プロデュースを担当、主演に弟とゴ・タイン・バンを起用し、トニー・ジャー以降の空中回転しながらのキックと、ベトナムの武術ボビナムを取り入れた格闘シーンで、ベトナムアクション映画を革新した。続く『愛の愚か者』(10未)、『蠅ドラゴン』(11未)、『即結婚しないと逃がします』(12未)で俳優タイ・ホアを人気スターに押し上げ、コメディ監督としても大成功を納める。しかし、渾身のアクション映画『チャイナタウン』(13未)を監督するも、過剰な暴力描写が理由で国内上映禁止となる。以降、ベトナム国内ではアクション映画からコメディ映画へ重点を移す。『テオちゃん』(13未)がジョニー・グエンとタイ・ホアのダブル出演の掛け合いで大ヒット、『愛の愚か者』のスピンオフである『ホイにオマカセ』(14)で当時のベトナム映画歴代興行収入一位を記録した。

　近年は、プロデューサーとしても活躍し、『17歳の恋愛注意報!』(17/レ・タイン・ソン)では新人女優のケイティ・グエンを主演に起用、ベトナム映画歴代興行収入一位を更新。さらに、『サイゴン・ボディーガード』(16)の落合賢監督の新作、『パパとムスメの7日間』ベトナム版(18)もプロデュースした。監督としても、『目を閉じれば夏が見える』(18/カオ・トゥイ・ニー)の主演女優フン・アン・ダオとタイ・ホアを組み合わせたラブコメ『あたしの妻』(18未)もヒット、ベトナムのゴールデンカイト映画賞で最優秀作品賞と監督賞を受賞した。

作家論

ファン・ダン・ジー

坂川直也

トラン・アン・ユンが水と緑の映像美の監督であるなら、ファン・ダン・ジー（一九七六年〜）は泥に取り付かれた、まさに「拘泥」の監督である。長編デビュー作『ビー、心配しないで』（10）で主人公の叔母がバスで出会った一六歳の少年を好きになり、川辺まで追いかけ、その少年と友人たちが泥だらけになって戯れるシーン。長編第二作目の『大親父と、小親父と、その他の話』（15）で、メコンデルタのマングローブ林のなかで、全身泥まみれになりながら性交するシーン。ジーの作品の登場人物たちは自身も制御できない性に取り付かれながら、生きている。その拘泥する性が泥を通じて表現されている。ジーはベトナム映画に、純粋でなく不純や汚れを持ち込み、ベトナムの清濁の両面を映した初の監督なのかもしれない。また、ジーはベトナム映画では珍しく、家族を安定した共同体として描かない。むしろ、ホームドラマに制御できない性を導入、かく乱し、世代間の断絶を強調する。

ジーの映画における不純の影響は、彼がトラン・アン・ユンともに開催する、アジアの若手を育成するワークショップ「オータム・ミーティング」を通じて、ベトナムの若手インディーズ監督たちに広がっている。たとえば、ニューヨーク・アジアン映画祭二〇一七で最有望監督賞を受賞したレ・ビン・ザン監督による、ホラー映画『Ｋｆｃ』（16未）。『Ｋｆｃ』で拘泥されるのは人肉であり、カニバリズムである。ジーとその洗礼を受けた若手インディーズ監督たちによる、公序良俗に反する、不純なベトナム映画は当然、ベトナムの映画局からはいい顔をされず、劇場公開されることもない。

ジーは、父と息子の隔絶を描く三部作の三作目にあたる『フルムーンパーティ』の制作を中断し、現在、川端康成の短編小説「水月」の映画化プロジェクトが日本人キャスト・日本ロケで進行中である。ジーの不純なベトナム映画がベトナムや日本で劇場公開される日は来るだろうか。

作家論 ゴ・タイン・バン

坂川直也

ベトナム映画界でもっとも美しく強い女優、それがゴ・タイン・バン(一九七九年〜)である。彼女の長編デビュー作はミュージカルタッチの『サイゴン・ラブ・ストーリー』(06/リンゴ・レー)であるが、映画ファンの目に留まったのはやはり、歴史アクション『The Rebel 反逆者』(07/チャーリー・グエン)の美しき女性レジスタンスのトゥイ役だろう。すらっと伸びた身体から繰り出される打点の高いハイキック、相手の首を両足で挟んで地面に叩きつける「ドンチャン」と呼ばれるベトナムの武術ボビナムの足技で、ベトナムの女性アクションの扉を開いた。『スター・ウォーズ/最後のジェダイ』(17/ライアン・ジョンソン)に客演、さらに、最新作にして最後のアクション映画主演作『ハイ・フォン』(19/レ・ヴァン・キエ)では誘拐された娘を取り戻すために、児童売買組織を追う凄腕の借金取りを熱演。撮影当時三九歳の年齢を感じさせない、アオババ(南部の農民服)姿でボビナムを駆使した、超絶アクションを披露、ベトナムでは一八歳未満鑑賞禁止でありながら、ベトナム映画の歴代興行記録一位に輝き、NETFLIXでも世界配信される。

バンのもうひとつの顔は敏腕プロデューサーである。製作会社スタジオ68を率い、ベトナムの若手俳優、監督たちとともに、ベトナム、特に南部とゆかりの深い題材で映画製作を積極的に進めている。初監督作品『フェアリー・オブ・キングダム』(16)ではベトナム版「シンデレラ」である昔話「タムとカム」でファンタジーアクションを、『サイゴン・クチュール』(17/チャン・ビュー・ロック、グエン・ケイ)ではアオザイでポップかつキュートなSFコメディを、『ソン・ランの響き』(18/レオン・レ)ではカイルオン(南部の大衆オペラ)で男二人の出会いと別れを、『ハイ・フォン』ではボビナムアクションのさらなる進化をプロデュース、ベトナムのローカルな文化と海外の最先端とをハイブリッド(異種混合)した映画で、ベトナムから世界を目指す。

pick up この1本

『ベトナムの怪しい彼女』
リメイク——各国を廻り生き生きと輝く「アジア」の物語

夏目深雪

韓国のCJエンタテインメント（以下CJ）製作の『怪しい彼女』（14／ファン・ドンヒョク）のリメイク。2015年に中国版、同年６月に日本版と続いたあとの、３番目のリメイクとなる。ベトナム本国では15年12月公開、２ヶ月間半で興行収入1020億VND（約５億1000万円）を記録し、その時点でのベトナム歴代興行収入のトップとなった。

一人息子を女手一つで育てたダイは、大学教授の息子や孫たちと暮らし毒舌をふるっていた。とある写真館で写真を撮ったダイは、20歳の麗しき姿に戻っている自分を発見する……。

短期間で多国のリメイクとなった背景にはCJのグローバル戦略があり、ベトナム版もCJから製作を持ちかけられたという。肝心の出来の方は韓国オリジナル版に負けないもので、特にベトナムの文化や歴史の取り入れ方の芸が細かい。主人公は妊娠中に夫を亡くすが、ベトナム版ではベトナム戦争での戦死が原因である。プールで絡まれたチンピラに対し、ダイが同伴していた元奉公人がベトナム戦争に行っていたことに言及し、あたりが静まり返るのもしんみりとする。若くなった主人公が髪型や服装を真似するのが、韓国版はヘップバーンだったが、ベトナム版では南ベトナムを代表する女優タン・ガーであることも、それを観るベトナム人たちの気持ちが伝わってくるようで心に沁みる。

ベトナムの人気歌手であるミウ・レの歌も素晴らしい。基本は韓国版オリジナルに忠実で、その国の観客向けにローカライズされているのに、各国の小さい差異を見比べる楽しみに満ちている。これは同じCJが製作の『サニー 永遠の仲間たち』（11）が韓国版を起点として、同じように2018年に日本版、ベトナム版（『輝ける日々に』／グエン・クアン・ズン）と発展していったケースも同じだ。「親子の絆」「女同士の友情」という普遍性のあるテーマが、その国の浮き沈みのある歴史を浮き彫りにし、そこで流れる「歌」が過去と現在を繋ぎ、その時確かにあった一瞬の輝きを永遠のものとする。

韓流ブームは盛り上がりが大きかっただけに、終わったもののように捉えられているが、この二つのリメイクで「若い女性」にかけられたメタファーは明らかに韓流的な「儚さ」がある。韓流のアジア全体への拡がりと「時を超えながら時代を映し出す」語り口の技術を堪能できる、落とし子的な存在であろう。それはつまり、アジア全体の物語である。

『ベトナムの怪しい彼女』
2015年／ベトナム
監督：ファン・ザー・ニャット・リン

小論

東南アジアのアクション映画
——今、立ち上がり、繋がれ！

坂川直也

香港がアクション映画の先進地域だとすれば、東南アジアはアクション映画の後進地域だった。アクション映画を革新したブルース・リーの登場によって、香港のアクション映画は飛躍的に進化し、世界に「クンフー」（功夫）の名前を広めた。一方、ブルース・リーのような圧倒的なスターが不在の東南アジアのアクション映画は香港のクンフーアクションを模倣するところから始まった。たとえば、インドネシアのアクション映画史を紐解いたドキュメンタリー『ガルーダ・パワー』（14／バスティアン・メーソンヌ）では、七〇～八〇年代に製作されたインドネシアのアクション映画に、香港からクンフー指導のスタッフをわざわざ呼んでいたことが記録されている。つまり、アクション映画の後進地域である東南アジアの映画人たちがいかに香港のクンフーアクションの模倣から離脱し、独自のアクション映画を製作するために苦心してきたかということだ。現在、その努力の成果が実り、東南アジアのアクション映画も世界から注目されるまでに発展した。そこで、この小論では東南アジアからタイ、インドネシア、ベトナムを中心に、代表的なアクション映画を紹介し、東南アジアのアクション映画の歩みについて述べる。

タイのムエタイアクション

東南アジアから、世界の観客に衝撃を与えた記念碑的な一作は『マッハ！』（03／プラッチャヤー・ピンゲーオ）である。何が世界に衝撃を与えたのかは、日本での宣伝文句「①CGを使いません。②ワイヤーを使いません。③スタントマンを使いません。④早回し編集を使いません。⑤最強の格闘技ムエタイで闘います」に凝縮されている。①から④までは『マトリックス』以降のハリウッドや香港のクンフー映画のアンチテーゼであり、『マッハ！』は直当てのリアルな格闘、

コラム

『ガルーダ・パワー』ポスター

『マッハ！』ポスター

過激なスタントを追求したアクション映画であった。タイでは、ムエタイは毎日のようにテレビ放映されており、人気を博している。この人気の理由は賭博である。

また、ムエタイ選手の大半は「イサーン」と呼ばれる東北タイ出身者で、『マッハ！』の主演俳優でその後、国際的なスターとなるトニー・ジャーも、ジャーのアクションの師で、『マッハ！』のアクション監督でもあるパンナー・リットグライも監督ピンゲーオも東北タイの出身、つまり、『マッハ！』はムエタイ選手と同じく、東北タイ出身者が製作に深く関与した映画だった。『マッハ！』は、ジャー演じる主人公でムエタイの達人ティンはイサーンの村の住人で、村の守り神である「オンバク」と呼ばれる仏像から切り取られた頭部を取り戻すために、バンコクへ上京する、東北タイ「イサーン」映画の側面もある。

『マッハ！』のムエタイアクションを世界に知らしめたのは主演のジャーの類まれなる身体能力とスピード、さらに、回転蹴りと多彩なヒジとヒザの技によるところが大きいのだが、ムエタイアクションをここまで成長させたのはジャーの師であるパンナー・リットグライの功績も少なくない。リットグライの主演・初監督作『ボーン・トゥ・ファイト』（86未）は初のムエタイアクションと呼ぶに相応しい、東南アジアでクンフー映画から脱することに最初に成功したアクション映画でもある。『マッハ！』に継承される、過激なスタントと直当てのリアルな格闘シーンはここから始まった。リットグライ演じる主人公はムエタイだけではなく、クンフーの使い手でもあり、最後の敵は黒ずくめの衣装に、黒頭巾の忍者のような五人組で、一対五で闘う。途中で敵の一人が中国刀を用いた時、主人公は鉄パイプの二刀流、ムエタイの剣術で対決する。このラストバトルこそ、クンフーから脱し、ムエタイでアクション映画をつくるというリットグライの強い決意を感じさせる。

『マッハ！』以降、ピンゲーオとジャー、リットグライのイサーン出身トリオによる『トム・ヤ

『ザ・レイド』ポスター

ム・クン』（05）、ピンゲーオとリットグライのコンビが脅威の新人女優ジージャーを迎えた『チョコレート・ファイター』（08）を経て、ムエタイアクションは世界で認知されるジャンルへ成長する。そして、近年、ムエタイアクション映画は実際の有名ムエタイ選手が主演する時代に突入している。『ブロウクン・ソード・ヒーロー』（17未／ビン・バンルーリット）はムエタイの練習かムエタイの試合をし続ける、ムエタイを全面に押し出した映画で、主演は元K－1チャンピオンで、ムエタイの生ける伝説ブアカーオ・バンチャメーク（旧名ポー・プラムック）である。

インドネシアのシラットアクション

『マッハ！』に続き、東南アジアから世界の観客に衝撃を与えた記念碑的なもう一作がインドネシアの『ザ・レイド』（11／ギャレス・エヴァンス）である。何が世界に衝撃を与えたのかは、日本のポスターでの惹句「強すぎ！　殺りすぎ！　敵多すぎ！」に凝縮されている。あらすじはシンプルで、ジャカルタの麻薬王が支配し、犯罪者のアジトと化した三〇階建ての高層ビルに、精鋭からなるSWATチームが強制捜査に入る。しかし作戦の情報が漏えいしており、即座に全滅寸前までに追い込まれるというもの。そこに、武術プンチャック・シラットを採り入れた、直当てのリアルな格闘アクション、『マッハ！』よりも一歩進んだ、凄絶な暴力描写で観客の度肝を抜いた。このプンチャック・シラットとはインドネシアを中心とするマレー世界発祥の千年の歴史を持つ伝統武術であり、大小数百を越える流派が活動していると言われる。主人公のSWAT隊員ラマを演じたイコ・ウワイスはティガ・ブランタイという流派のプンチャック・シラットを、敵役マッド・ドッグを演じたヤヤン・ルヒアンはプンチャック・シラット・テナガ・デサールという流派を修めている。つまり、ラストのふたりの対決は流派の違うプンチャック・シラットの対決であり、プンチャック・シラットの流派の多様性を味わえる対決である。この流派の多様性こそ、シラットアクションの醍醐味のひとつである。『ザ・レイド』の国際的成功により、イコ・ウワイス、ヤヤン・ルヒアンも国際的なスターとなった。

そして、続編『ザ・レイド GOKUDO』(13／ギャレス・エヴァンス)の白眉もまた、イコが演じる主人公ラマと、チェチェップ・アリフ・ラフマンが演じる「キラー・マスター」とのクライマックスのキッチンでの死闘にある。チェチェップもプンチャック・シラットのパンリプール派師範で、この作品でも流派を越えたプンチャック・シラット達人同士の優雅さと残酷さと兼ね備えた、最高の手合わせを堪能することができる。この『ザ・レイド』シリーズでシラットアクションは最高峰を極めたと思いきや、まだまだ新たな傑作が製作され続けている。監督コンビ「モー・ブラザーズ」の片割れ、ティモ・ジャヤント監督による『シャドー・オブ・ナイト』(18／NETFLIXで配信中)は、イコ・ウワイスが主演の前作『ヘッド・ショット』(16／ティモ・ジャヤント)を上回る残酷でハードな内容に、凄惨な暴力描写で、東南アジアのアクション映画史上に残る、ノワールな傑作に仕上がっている。ホラー監督として人気のジャヤントによって、シラットアクションに、流血量と激痛度が倍増した残酷暴力描写も加わり、さらなる黒い進化を遂げつつある。

『ザ・レイド』以降の集団抗争アクション

『ザ・レイド』の功績のひとつは、犯罪者の巣窟に精鋭の警察部隊が侵入するも逆に犯罪者側から襲撃され、決死のサバイバル戦になだれ込む「集団抗争アクション映画」の型を開発した点が

『脱出』ポスター

挙げられる。近年、『ザ・レイド』以降の集団抗争アクション映画の秀作が東南アジアで製作されている。時代劇における工藤栄一監督の集団抗争劇に相当するかもしれない。まず、カンボジアの『脱出』（17／ジミー・ヘンダーソン、NETFLIXで配信中）である。警官四人がギャングの幹部を凶悪犯罪者用刑務所へ護送、単純な任務のはずが、幹部に口を割られては困るボスの仕掛けた暴動により、囚人たちが警官たちに襲い掛かる。劇中、上官に部下の警官が「君の武術はムエタイか？」と尋ねられ、「いいえ、カンボジアの武術ボッカタオです」と応えるシーンがあり、カンボジア発のボッカタオアクションを創り出そうとする決意を感じさせる。ヘンダーソンは人間狩りの標的にされた男の逃亡アクション映画の新作『餌食』（18末）も監督しており、日本公開が待たれる。

次に、フィリピンの『バイバスト』（18／エリック・マッティ）である。女性特別捜査官が編入した部隊が麻薬の売人を逮捕するため、マニラのスラムに潜入するも作戦は失敗、犯罪組織と暴徒と化した市民から襲われ、四面楚歌に。『バイバスト』の集団抗争アクションとしての新しさは女性主人公である点と住民が暴徒化して襲ってくる点の二点にある。敵の数では『ザ・レイド』を越える。マッティはクライムアクション『牢獄処刑人』（13）のみならず、さまざまな娯楽映画を監督、日本でのさらなる作品紹介が待たれる。

ベトナムのボビナムアクション

東南アジアのなかでも、ベトナムはアクション映画後進国だった。しかし、『The Rebel反逆者』（07／チャーリー・グエン）によって、一変する。一九二二年の仏領インドシナを舞台に、フランスの手先として働く主人公クォンは女性レジスタンスのトゥイーと出会ったことで我に返り、脱

『ハイ・フォン』ポスター

『トリプル・スレット』ポスター

獄を手助けし一緒に逃亡する。監督、出演者ともにその後のベトナム映画を牽引するメンバーが勢揃いしている。クォンを演じるのは監督の弟ジョニー・グエン、ムエタイアクション『トム・ヤム・クン』でトニー・ジャーと壮絶な蹴り合いを演じたアクションスターである。トゥイーを演じるのはゴ・タイン・バン。『The Rebel 反逆者』はトニー・ジャー以降の空中回転しながらのキックとベトナムの武術ボビナムを取り入れた格闘シーンで、ボビナムアクションという独自のアクションを確立した。ボビナムアクションに、女性主人公という新要素を導入して、さらに進化を目指したのがゴ・タイン・バン主演の『ハイ・フォン』(19/レ・ヴァン・キエ)である。残念ながら、バンは『ハイ・フォン』を最後にアクション映画主演からの引退を表明、新しい女性アクションスターを育てるワークショップを開催、後継者を探している。ボビナムアクションは新世代へと継承されつつある。

東南アジアのアクション映画として、ムエタイアクション、シラットアクション、そして、ボビナムアクションを取り上げたが、最近、それぞれのアクション映画に横のつながりが出てきている。その新しい動きの象徴的な作品が格闘アクションスターのトニー・ジャー、イコ・ウワイス、中国武術のタイガー・チェン(陳虎)の三人が競演した『トリプル・スレット』(19末/ジェシー・V・ジョンソン)である。この作品には『チョコレート・ファイター』のジージャーも出演、劇中、ムエタイ、シラット、そして、クンフーが競演、対決し、共闘し合う。ようやく、ムエタイ、シラットがアクション映画のジャンルとしてクンフーにはまだまだ及ばないものの、世界に認知された作品とも言える。今後、この作品のような、それぞれの国を越えた横断的アクション映画が製作されることが期待される。

タイ

Kingdom of Thailand

タイ映画史

平松秀樹

初期——女優・男優から見たタイ映画史

国内で劇場公開された国産映画を収録したタイ・フィルムアーカイブ発行の『タイ国フィルモグラフィー第一巻』(一九二七〜五六年作品収録)の嚆矢を飾るのは、『Double Luck』(27未/クン・アヌラックラッタカーン)である。探偵もので、主人公の私服刑事は最後に犯人逮捕とともにヒロインを獲得する「二重の幸運」を手にする。当巻には一九五六年までの五〇〇編余りの作品情報が収められているが、兵士(特に水兵)もの、文学作品をもとにした悲恋もの、著名な伝説を元にしたもの、怪盗紳士および無頼漢ヒーローものが目立つ。公開作品でないので収録されていないが、映画好きのラーマ七世が個人鑑賞用に『魔法の指輪』(30未)を自ら製作して残していることを加えておきたい。

『タキアン幽霊』(40未/不明)は有名な女幽霊タキアンのドタバタコメディで、特殊効果も何もないサイレントムービー独特のコミカルなシンプルさが逆に味わい深い。日本の映画館を参考にして導入された「弁士」が、面白おかしく解説していたようだ。後の年代に隆盛する二大女幽霊もの、「ピー・ポープ」や「メーナーク・プラカノン」の元祖とでもいう存在だ。35ミリ映画製作会社を設立したラット・ペスタニーが自ら撮影した『サンティとウィーナー』(54/タウィー・ナ・バーンチャーン)は海外で初めて賞をとったタイ映画であり、かつタイ初の35ミリカラー長編フィルムだが、ヒロインを演じたレワディー・シリウィライにこの時代を代表してもらおう。美しさ、演技力ともに他の作品群を圧倒している。以下しばらく、女優・男優からみたタイ映画小史を試みよう。

『サンティとウィーナー』ポスター

第二巻（一九五七～六六年作品収録、現在第二巻まで出版）になると、一〇年間の所収作品数が五〇〇弱と格段に増加する。戦後は資源不足もあり、野外の簡易スクリーンでも上映できる16ミリ映画が主流となった。「16ミリフィルムの黄金時代」といわれるこの時期の代表は、間違いなくミット・チャイバンチャー（一九三四—七〇）だ。女優ペッチャラー・チャオワラートとコンビを組み、背が高くマッチョなヒーローを演じ、時折見せるはにかみ風の笑顔で観客を魅了した。不慮の墜落死による葬儀の際は国中の人々が涙した、不世出の俳優である。五七年のデビュー以来、三〇〇にも及ぶ作品に出演し、『金、金、金』（65未／ヌソーンモンコンカーン親王）や、「16ミリ黄金時代」の幕切れとなった35ミリ映画『ルークトゥンの恋唄』（70未／ランシー・タッサナパヤック）などヒット作は数えきれない。

ミット・チャイバンチャー『ルークトゥンの恋唄』ポスター

ミット風の男優がその後何名も登場しているが、次の時代を代表する男優にはソーラポン・チャトリーを挙げたい。チャード・ソンスィー監督による『傷あと』（77）での大団円での自決シーンは、日本でも高い評価を得ている。『傷あと』は、多くの監督により製作されているが、最新版（14未）は、『ウモーン・パー・ムアン—羅生門』（11）でもメガホンをとった王族のパンテワノップ・テーワクン監督による。

一九七三年は民主化運動の年だが、チャートリーチャルーム・ユコン監督による正義の青年医師を主人公にした社会派作品『その名はカーン』が出た年でもある。続く七〇年半ばから八〇年代は、ユコン監督に続くように、多くの監督により社会派の作品が製作されるようになった。八〇年代の代表女優はチンタラー・スカパットであろう。ピアック・ポースター監督『サラシン橋心中』（87）やバンディット・リッタゴン監督『クラスメイト』（90）では、タイ社会に根づく階級差別や女性差別の問題を見事に演じている。圧巻は、ルット・ロンナポップ監督『メナムの残照』（88）でのヒデコ（アンスマリン）役だ。通常は、悲恋の相手である日本人海軍大尉コボリのほうが目立つ存在だが。チンタラーの場合はヒロインの存在感が圧倒的で、ヒーローがかすんでしまっている。本作の最新版は、現在大人気の俳優ナデート・クギミヤをコボリ役に起用した、キッティコーン・リアウシリクン監督作品（13）だ。

二〇〇〇年以降——ＧＴＨ社とロマンティック・コメディの興隆

二〇〇〇年以降は、ロマンティック・コメディ全盛時代であるといえる。その牽引役は大手音楽会社タイ・グラミーを中心としたＧＴＨ社だ。前身の会社による『フェーンチャン～ぼくの恋人』（03／365フィルム）は、しっとり落ち着いた叙情あふれる作風で大成功した。二〇〇四年にＧＴＨとなってからもヒット作を世に送り続けた。とりわけ、等身大の都会のＯＬの生活を描き多くの層からの支持を得た『BTS—Bangkok Traffic (Love) Story』（09未／アディソーン・トゥリーシリカセーム）や、ソウルが舞台で韓流の足跡を追う『アンニョン！ 君の名は』（10／バンジョン・ピサンタナクーン）などは大ヒットし、前述のメーナーク幽霊に題材をとった『愛しのゴースト』（13／同）は当分抜かれないであろう興行収入の金字塔を打ち立てた。後身のＧＤＨ559になってからは、『バッド・ジーニアス 危険な天才たち』（17／ナタウット・プーンピリヤ）や『ホームステイ ボクと僕の100日間』（18／パークプム・ウォンプム）など、高校生を主人公にしたサスペンス調の映画も製作している。

日本を舞台にしたロマンティック・コメディ映画も複数の会社が作るようになった。かつては、ヒロインが新宿の交差点でピストル自殺する『Twilight in Tokyo』（89未／トラノン・シーチュア）のような、行き場のない犯罪イメージの場所だったのが、最近はロマンスの舞台として日本が描かれる。九州や北海道などでロケした作品が人気を集め、新作では仙台が舞台で、トゥーイ・ジャリンポンがはじけたヒロインを演じる『Gravity of Love』（18未／ティーラトン・シリパンワラポーン）などもある。

ホラー、アクション、ドタバタコメディ、ニューハーフ・アクションコメディなどの映画も、長期にわたり高い人気を誇っている。近年は、ＬＧＢＴの問題に真正面から向き合った作品や、アピチャッポン・ウィーラセタクンなどのように海外でのほうが認知度が高いインディーズ系の映画作品も多くみられるようになった。

作家論

ペンエーグ・ラッタナルアーン

平松秀樹

ナワポン・タムロンラタナリット監督『あの店長』(14)のインタビューでも、独特のコメントを連発するペンエーグ・ラッタナルアーンは、一九六二年生まれで、アメリカに留学し、CMディレクターを経て映画デビューした。同年デビューのノンスィー・ニミブット監督『Dang Bireley's and Young Gangsters』(97末)とともに新風を起こした『ファン・バー・カラオケ』(97)は、それまでのタイ映画にあった筋が分かり易く全てを語る展開を否定して、故意に整合性を崩し、視聴者の思考の混乱を誘うように仕組んでいる。話の中心をずらし謎を残す作風は評価が高い。

第二作『6ixtynin9 シックスティナイン』(99)も話題を集めた。日本で評判の高い『わすれな歌』(02)は、容赦のない現実として、予想もしない不幸がこれでもかと主人公に降りかかる。プロダクションの社長から男色を迫られて、結果殺してしまう展開など、歌手を目指し安易に上京した田舎者への、監督からのブラックユーモアとも取れる。

東南アジア文学賞作家プラプダー・ユン脚本の『地球で最後のふたり』(03)には、日本人の典型的なイメージなのか、浅野忠信演じる潔癖症で自殺願望の主人公が、続く『インビジブル・ウェーブ』(06)では韓国女優が登場し、国際色豊かにギャングや殺しの不条理な世界が描かれる。同文学賞を二度も受賞しているウィン・リョウワーリン原作の『ヘッドショット』(11)は、頭を撃たれて世の中が上下逆さまに見えるようになった男が主人公で、善悪の価値観も反転する設定だ。

近作『サムイの歌』(17)では、監督作品でお馴染みの演技派女優チャーマーン・ブンヤサックが、西洋人の夫殺しをたくらみサムイ島に逃避する悪女を好演している。最後は何が真実かわからない状態で終わる。ペンエーグ作品は、話は非道徳的で、登場人物は概ね良識から外れている。しかし、最終的には罪の報いを受ける点は、底流にはタイの伝統概念があるともいえる。

作家論

アノーチャ・スウィチャーゴーンポン

そこで描かれる歴史とはいったい誰の歴史なのか

藤本徹

アノーチャ監督作『暗くなるまでには』(16)は、恐ろしく奇怪な映画だ。インディペンデント系若手監督の二作目ながら、タイ映画界切っての有名俳優たちがこぞって出演し、タイのオスカーに相当するスパンナホン賞にて最優秀作品賞と監督賞を獲得した画期性は元より、輪をかけて特異なのは本編の中身である。

半裸で俯せにされた無数の学生の頭上を、自動小銃を抱えた男達がのし歩く導入部に始まる本作は、続くタイトルコールを経て、若い女性監督がベテランの女性作家に取材する場面へ移る。女性作家は一九七六年にタンマサート大学で起きた「血の水曜日事件」(※1)の生存者だ。二人が滞在する里山のコテージから、監督の女性はそのあと林へ散歩に出る。ありふれた映画文法からの逸脱がここで始まる。ふと現れた虎のぬいぐるみを着る子供を追いかける彼女は、疲れて座りこむとメタリック・ブルーに輝くキノコを拾いあげる。この輝く青が疾走する車のライトを包む闇の藍へ、さらには泣きながら眠る監督の顔が浮かぶ寝室の暗がりへと連続する。夢遊病者のように寝室から広間へ歩みでた彼女を、古い時代の服を着た女性たちが静かに迎える。

映像は朝となり、逸脱は加速する。監督の顔がクローズアップされ、怪異体験の独白が5分続く。風に樹々は揺れ灰色空に鳥が舞い、キノコが大写しになる。星雲の誕生を想わせるキノコ成長のタイムラプス映像(コマ送りの動画)に重なるのはサイレント期欧州映画の一幕であり、タイの田舎で収穫に精出す農民の姿であったりする。そして気づけば、女性作家と女性監督の構図が、他の女優の組み合わせで演じ直される。これら設定が一部転換されつつ同じ展開を繰り返す流れや虎に扮する子供、時空混濁や怪異語り

※1 血の水曜日事件: クーデターの過程で発生した警察部隊による学生虐殺事件

等々から観客は『トロピカル・マラディ』（04）、『世紀の光』（06）などアピチャッポン映画の援用を確認する。

アピチャッポンら先行世代の多くと同様、アノーチャ・スウィチャーゴーンポンは映画制作を海外留学（NY）により学んだ。サイレント作の借用など、映画史を自己定位の参照項とするような理知的な身振りを彼女は元来好む。例えば短編『Jai』（07未）でも、縫製工場から退勤する女工たちをリュミエールと同じ構図で撮り、「ドヌーヴやビョークでさえ女工を演じた」と語らせる。またアノーチャの誕生年が、「血の水曜日事件」の一九七六年である点は重要だ。凄惨極まるこの転回点に、それ以降しか知らない己の立脚点を改めて固めることで、どのような愚劣さをも見逃さず現代タイ社会と向き合おうという強烈な覚悟がそこに息づく。

さて『暗くなるまでには』では造形の明瞭な人物群の他に、次第に比重を増す謎の女性が登場する。各所で使用人やウェイトレスなど端役として幾度も現れる彼女が、箒で塵を掃く剃髪の尼僧姿となる終盤でハッとした。禅で言うところの周利槃特の悟りや典座教訓にも連なる仕方でアノーチャ作品の核心を成す、生の偏在と輪廻を旨とする仏教的世界観を、彼女こそが体現していたのだ。実は序盤で「作家でなくあなたの歴史を書くべきだ」と女性監督へ助言していたのも彼女であった。彼女は偏在する（次元を超える）。とすればこの時あなたとは、スクリーンを突き抜けてアノーチャや、観客であるあなた自身を指すのかもしれない。

『暗くなるまでには』ポスター

ちなみに尼僧姿で登場する彼女の居室場面では、そのアングルから『ブンミおじさんの森』（10）が想起される。壁際のTVは、新興の仏教組織タンマガーイ寺院（※2）の専門番組を映している。タイを含む上座部仏教圏では、女性の出家は制度上認められない。徳を積めても男性との格差が歴然とある中で、この新興仏教団の創始者が女性修行者である点は示唆的だ。また今日のタイでは本人の意志のみによる中絶は違法だが、あるビルマ人女性労働者の一日を撮る短編『Overseas』（12未）では、レイプ後の堕胎に非協力的な警察を正面から描いている。こうしたアノーチャの高い表現性と強い参画意識とがタイ社会とこれからどう切り結ぶのか、今後が楽しみだ。

※2　タンマガーイの社会的影響力を巡っては本書『十年 Ten Years Thailand』の項にて詳述

『ホームステイ ボクと僕の100日間』
GDH社のエンタメ路線と日本小説ブームの合わせ技

平松秀樹

本作は、魂が他人の身体に生まれ変わり、100日間の「ホームステイ」中にその人が死んだ原因を探さなければならないことになるサスペンス調のドラマで、監督はパークプム・ウォンプムだ。ハリウッドでリメイクもされた『心霊写真』(04／バンジョン・ピサンタナクーン)の共同監督として名をあげ、ホラー映画を数本ヒットさせた後、今回GDH559社から発表した。主演は『バッド・ジーニアス 危険な天才たち 』(17／ナタウット・プーンピリヤ) で金持ちの息子を演じた期待の若手男優、ヒロインの高校生はBNK48キャプテンのチャープランが演じる。

BNK48は、結成後しばらく低迷していたが、2年が経つころから人気急上昇し、現在は日本関係のCMを席巻するのみならず、韓国系の有名携帯電話のプレゼンテーターもこなし、まさに今をときめく存在となっている。マヒドン大学の現役学生でもあるキャプテン・チャープランはそうしたチームの要だ。ただ監督の話によると、キャスティングが決まったときはまだ有名ではなかったらしい。撮影が始まってから人気がうなぎ上りになり、映画製作側としてもラッキーだったとのこと。

『ホームステイ ボクと僕の100日間』の原作は森絵都の『カラフル』(1998年初刊)だ。タイでは、2000年に鈴木光司の『リング』が翻訳されて大人気となり、以後続々との日本の小説が翻訳されるようになった。村上春樹などの純文学系も受容されているが、とりわけホラーものが高い人気を誇る。横溝正史シリーズなどはかなり訳されている。パークプム監督は、一番影響を受けた映画は日本の『リング』(98／中田秀夫) だと語っていたが、『リング』は、文学、映画の両方面でタイの人々に強い影響を与えたのだ。

映画では、日本の社会状況がうまくタイに置き換えられている。『カラフル』での天使もタイではピンと来ないのか、かなり変容した趣で登場する。原作のヒロインは年下の小悪魔的な存在だが、映画では主人公より年上で国際科学オリンピックに出場して金メダルを目指す超優等生である。優等生役は、チャープランのイメージにぴったりとの評判だ。お母さんが秘かに用意していてくれたドリアンを食べながら、親不孝を反省するのも、かなりタイ的だ。主人公カップルによる、願掛けが成就した際の、お礼の仕方などはかなり笑える。

結末は、日本の小説以上にドラマティックで、全編を通して緊張感が漂い、目を離せない展開となっている。

『ホームステイ
ボクと僕の100日間』
2019年公開予定
監督：パークプム・ウォンプム

小論

東南アジア怪奇映画の新潮流

坂川直也

東南アジアが怪奇映画の天国である事実を日本に紹介したのは『怪奇映画天国アジア』（二〇〇九年、白水社）の四方田犬彦だった。四方田はこの本を通じて、東南アジアは香港とインドの二大映画産業大国の狭間で、いかに怪奇映画に情熱を注ぎ、大量に制作してきたかの歴史を活写した。そして、こうつぶやくのだった。「空は暑く、料理は辛く、そして映画は怖く……というのが、この地域の約束ごとなのだ」と。そんな怪奇映画天国・東南アジアにも新たな動きはある。そこで、この小論では東南アジアのなかでも、タイ、インドネシア、フィリピン、そしてベトナムの怪奇映画の新潮流に焦点を当て、紹介する。

【タイ】

タイ映画の歴代興行収入第一位に輝くのは『愛しのゴースト』（14／パンジョン・ピサンタナクーン）である。『愛しのゴースト』は怪談「メー・ナーク・プラカノン」をラブコメディへと大胆に改変した怪奇映画だ。「メー・ナーク・プラカノン」はタイ語でプラカノン運河に住まうナーク夫人という意味で、一九三六年から現在にいたるまで繰り返しリメイクされ、怪奇映画大国タイの国民的怪奇映画の地位にある。パンジョンは東南アジアのホラーの新世紀を切り拓いたエポックメイキングなホラー『心霊写真』（04／パークプム・ウォンプムとの共同監督）の監督としても知られている。女性をひき逃げしたカメラマンの周囲で、奇怪な事件が続発、事件の鍵を握る心霊写真の謎を解こうとするのだが……。『愛しのゴースト』がタイ怪奇映画の陽なら、『心霊写真』は陰であろう。『愛しのゴースト』を製作した映画会社ＧＴＨは二〇一五年十二月に解散し、その後継会社がＧＤＨ５５９である。

そのＧＤＨ５５９が製作した怪奇映画が『プロミス』（17未／ソーポン・サックダーピシット）だ。

コラム

『プロミス』
ポスター

『愛しのゴースト』
ポスター

バンコク市内にある四九階建ての廃墟ビル「サトーン・ユニーク」で撮影されたことで、話題になった。なぜなら、このビルは心霊スポットとしてタイで有名だからである。『プロミス』は一九九七年から始まる。サトーン・ユニークで一緒に心中しようと約束した女子高生二人。親友が拳銃自殺した後、主人公は怖くなり、自殺をやめてしまう。二〇年後の二〇一七年、主人公の娘に親友の幽霊が取り憑く。実在の心霊に関わりの深い場所（『プロミス』）や物（『心霊写真』）を映画につぎつぎと取り入れる手法は怪奇映画大国タイならではの手法かもしれない。

［インドネシア］

二〇一七年にインドネシア映画で最もヒットした作品が伝説のインドネシア怪奇映画『夜霧のジョギジョギモンスター』（80／シスウォロ・ゴータマ・プトラ）のリメイク『悪魔の奴隷』（17／ジョコ・アンワル）だ。謎の病で臥せていた母親が亡くなり、父親は出稼ぎに行ってしまうと、家に残されたリニと三人の弟たちの前に母親らしい霊が出現、祖母は地下の井戸に身投げして……。ジョコ監督は現在のインドネシア怪奇映画ブームの火付け役のひとりである。彼の怪奇映画にはディヴィッド・リンチ風サイコスリラー『禁断の扉』（09）のほかに、一部のマニアの間で話題を呼んだ『異常な手口』（12未）がある。森で生き埋めにされた記憶喪失の男が正体不明の殺人鬼に追われる。ようやく見つけた山小屋にはビデオカメラが置かれていて、妊婦の腹を切り裂くスナッフビデオが収録されていた。そして、床にはその妊婦の死体が横たわっていた。『異常な手口』は終盤、犯人が筋金入りの倒錯者であることが明らかになる、東南アジアで最凶のホラーのひとつだ。ジョコ監督は『悪魔の奴隷』に続いて、韓国のＣＪエンタテインメントと組み、新作『地獄の地の女性』が二〇一九年九月にインドネシア劇場公開予定で、インドネシアの国民

『悪魔の奴隷』ポスター

『Eerie（不気味）』ポスター

的女優クリスティン・ハキムも出演する。

『悪魔の奴隷』の大ヒットがきっかけで、最近のインドネシア怪奇映画では過去作のリメイクおよびオマージュを捧げた作品がちょっとしたブームとなっている。二〇一八年観客動員数二位を誇る『よみがえったスザンナ』（18／ロッキー・ソロヤ、アンギ・ウンバラ、NETFLIXで配信中）は八〇年代インドネシアの怪奇映画の女王として君臨し、『怪奇映画天国アジア』で「妖花スザンナ」として熱く書かれている、伝説的な女優スザンナへのオマージュを込めた作品である。また、怪奇映画ブームを牽引する監督のひとりにティモ・ジャヤント監督がいる。女主人が束ねる人喰い一家が若者六人に襲い掛かるゴアホラー『マカブル　永遠の血族』（09／キモ・スタンボエルとの共同監督）や、意識不明に陥った疎遠の父親の謎を解き明かすため、古びた別荘を訪問したヒロインを待ち受ける恐怖を描いた『悪魔に呼ばれる前に』（18／NETFLIXで配信中）を日本語字幕で観ることができる。

【フィリピン】

フィリピンも怪奇映画の宝庫である。複雑精緻なサイコホラー『至福』（17／ジェラルド・ターログ）は映画祭上映のみに留まるのは惜しい傑作。人気女優ジェーンは新作映画『至福』の撮影現場で転落事故に逢い、昏睡状態に陥る。自宅のベッドで目覚めた彼女は半身が麻痺していて、夫に軟禁されていることに気づく。劇中の謎が明らかになった後、映し出されるラストカットに込められた悪意と黒い哄笑。ジェラルドより若い世代だと、ミカイル・レッド監督が注目である。最新作『Eerie（不気味）』（18末／ミカイル・レッド）は公開から一〇日で一億ペソ（日本円で約二億円）を売り上げた。さらに、彼はゾンビ映画『ブロックZ』を撮っている最中で、二〇一九年末にフィリピン劇場公開予定である。

『Kfc』ポスター

【ベトナム】

迷信異端が禁じられてきた社会主義国ベトナムでも、近年、怪奇映画が復活しつつある。注目の新人に一九九〇年生まれのレ・ビン・ザンがいる。ニューヨーク・アジアン映画祭２０１７で有望監督賞を受賞した、カニバリズム（食人）ホラー『Ｋｆｃ』（16未）で長編デビューを果たした。オープニングは暗がりで、半裸の太った男が人に話し掛けている。その話し相手は縄で縛られた若い女性で、その男が手で捻りちぎったコーラの缶をその若い女性の首に突き刺し、咽び泣く。その男が屋外に出た瞬間、トラックが突っ込んできて、男を轢き飛ばす。血みどろで路上で横たわる男に、鉈が振るわれる。その鉈で肉を切り刻む音とともに、クレジットタイトルのキャストの名が切り替わる。残酷暴力描写が過激で、『異常な手口』と並ぶ、東南アジアで最凶のホラーのひとつである。ただし、『Ｋｆｃ』はベトナムでの公開は難しいだろう。

最近、怪奇映画においても横のつながりが出てきている。ＨＢＯアジアが手がけた、民間伝承を元にしたオリジナルＴＶホラーシリーズ『Folklore』（18未）には、アジア六ヶ国の気鋭監督が参加している。東南アジアからの参加監督はジョコ・アンワル、シンガポールのエリック・クー、タイのペンエーグ・ラッタナルアーン、マレーシアのホー・ユーハンらである。ジョコ監督『母の愛』とペンエーグ監督『ポブ』はトロント国際映画祭でも上映された。日本での上映もしくは放映が期待される。今後、動画配信サービスを通じて、このシリーズのような、それぞれの国を越えた横断的怪奇映画の製作が増えることが予想される。

シンガポール

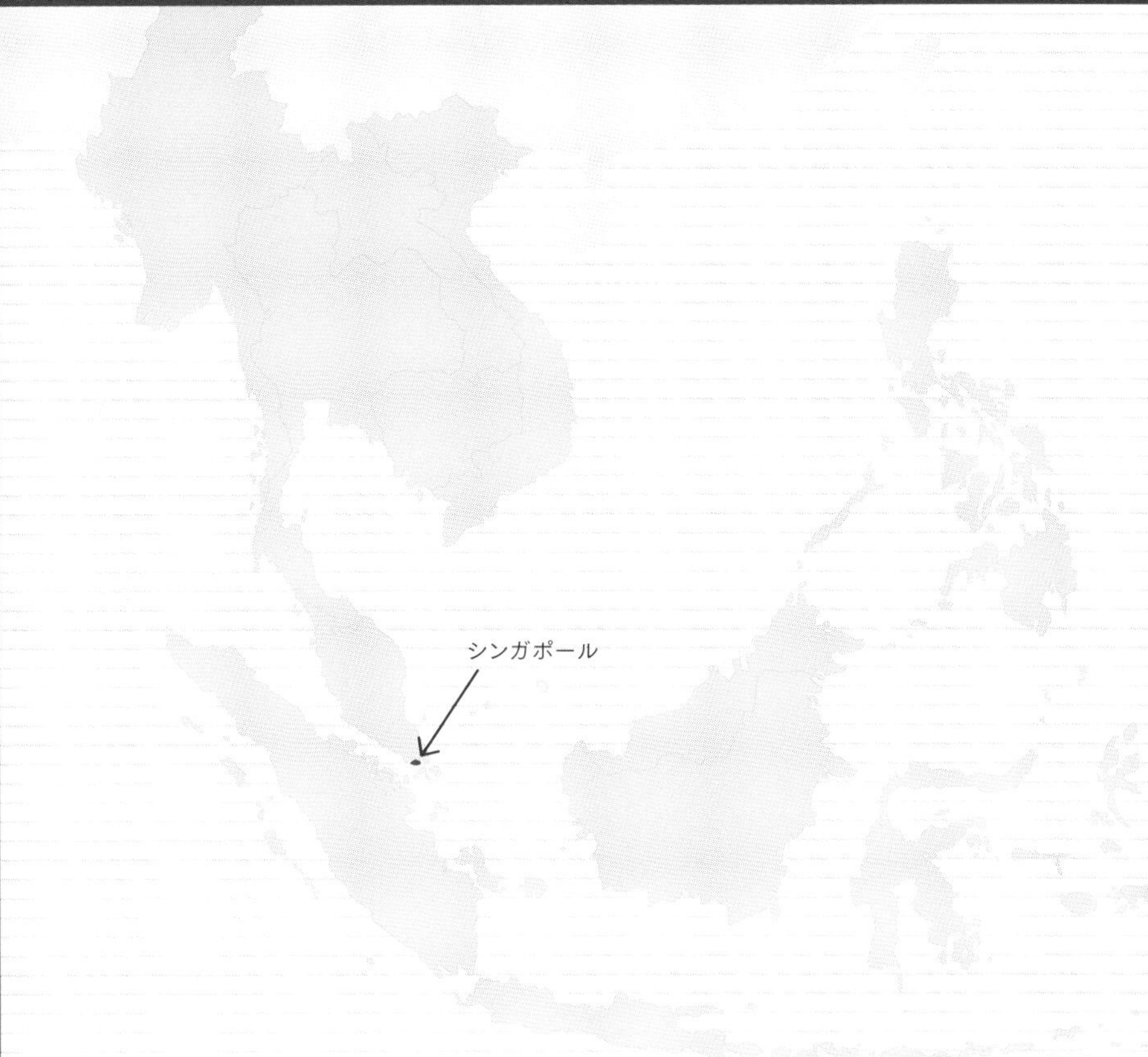

Republic of Singapore

シンガポール映画史

松下由美

初期――ショウ・ブラザースとP・ラムリーの興隆

シンガポールはマレー半島の南端に位置する島で、英国の植民地を脱して一九六三年にマレーシアが成立した際に連邦の一部となるが、マレー系人口が大半のマレーシアと中国南方華人が多数派のシンガポールの間で暴動が起こり、六五年に分離独立した。国民の約74%が華人、13%がマレー系、9%がインド系で、人口約六〇〇万弱のうち半数近くが外国人である。

最初に作られたシンガポール映画とされるのは、南洋劉貝錦社の無声映画『新客』(26)。新客とは移民をさす。また上海で映画会社を経営していた邵家から一九二四年に三男ランミー、後に六男ランランがシンガポールに渡り、ショウ・ブラザースの前身となるハイセン・カンパニーを作り映画上映を始めたが、当初は広東、福建、潮州系競合が市場を仕切っていた。インド出身のB・S・ラージハンス監督によるマレー語作品『ライラ・マジュヌン』(33)の成功に商機を見て、三八年からは香港の監督によるマレー語映画の製作を開始した。華人陸家が興したキャセイ・オーガニゼーションも、三五年から劇場経営に進出した。

四二年には日本の占領下となり、日本映画以外は上映が禁止された。戦後、邵兄弟は四七年からラージハンスらインド人監督を起用しマレー語作品に本格的に着手、福建や広東語作品も製作した。五三年にキャセイ・ケリス・プロダクションズとなったキャセイはスタジオを創立、怪奇映画「ポンティアナック」シリーズや華語作品『獅子城』(60)を製作した。

ラージハンスにスカウトされたペナン出身のP・ラムリーは、四八年にショウ作品で俳優デビュー、音楽の才能と幅広い演技力でスターとなり、五五年からは監督としても手腕を発揮して不動の地位を築いた。六〇年代にマレー系監督と俳優の作品は頂点を迎えるが、六五年の独立以降は衰退し、ショウ・ブラザーズは六七年に、キャセイも七二年にスタジオを閉じた。七〇年代後半に外国人監督が数本製作して以降、英国人監督による『ミディアム・レア』(91)まで長編映画は製作されなかった。

巨匠エリック・クーから国際映画祭で注目を浴びる若手監督

八七年に創始されたシンガポール国際映画祭で、九四年に『痛み』で最優秀短編映画賞を受賞したエリック・クーは、長編デビュー作『ミーポック・マン』(95)が国際的に注目され、四作目の『私のマジック』

History of ...

(08)はカンヌ映画祭のコンペティション部門に選ばれた。以降、師と仰ぐ辰巳ヨシヒロの劇画をアニメーション化した『TATSUMI マンガに革命を起こした男』(11)に『家族のレシピ』(18)と、監督の日本の影響と日本びいきが反映された作品が続いている。

香港との合作で『Rule #1』(08未)を監督したケルヴィン・トン、『881 歌え!パパイヤ』(07)で大衆的知名度を得たロイストン・タン、シンガポール人政治亡命者を訪ねた『To Singapore, with Love』(13)は国内上映禁止となるも、シンガポールをテーマに撮り続けるドキュメンタリー作家タン・ピンピンなど国際的に評価される監督を輩出し、近年は年間製作本数が一〇本を越えている。

国内には二六〇弱のスクリーンがある。国内最大のヒットメーカーはベテランのジャック・ネオ。パート4まで作られている軍隊コメディ・シリーズ『Ah Boys to Men』(12～未)は、ヒーロー系など海外作品の居並ぶ興行成績トップ10に、ここ数年で唯一入っている国産映画だ。徴兵制度は映画で扱われることが多く、日本でも活躍する舞台演出家オン・ケンセンが監督した『アーミー・デイズ』(96)、『ZOMBIEPURA』(18未/ジェイセン・タン)といったコメディ作品もある。カンヌ映画祭批評家週間で上映されたブー・ジュンフォン監督のデビュー長編『Sandcastle』(10)も主人公は兵役を控えた青年。続く『見習い』(16)もカンヌのある視点部門で上映された。監督たちの働きが功を奏し、政府は映画は産業だけではなく芸術表現のひとつと位置付け支援に力を入れる一方、宗教や政治、方言使用、同性愛に関する検閲は厳しいままだ。

近年では国際映画祭にも選出される作品が生まれている。ホー・ツーニェンの『HERE』(09)とインド系のベテラン監督K・ラジャゴパルの『イエローバード』(16)はカンヌの監督週間で上映された。短編『Ah Ma』(07未)がカンヌの短編部門でスペシャル・メンションを受けたアンソニー・チェンは、デビュー長編の『イロイロぬくもりの記憶』(13)でカンヌのカメラドールを受賞後、台湾金馬奨では名だたる監督の候補作から作品賞に選ばれ、新人監督賞、助演女優賞、脚本賞を受賞した。サンダンスで上映されたカーステン・タン監督の『ポップ・アイ』(17)は日本で劇場公開もされた。ヨー・シュウホア監督の『幻土』(18)はロカルノの金豹賞を受賞。ダニエル・フイの『Demons』(18未)はベルリンのフォーラム部門で上映された。

Raphael Millet (2006) "Singapore Cinema" Editions Didier Millet.
Jan Uhde and Yvonne Ng Uhde (2010) "Latent Images – Film in Singapore" NUS Press.

作家論

ブー・ジュンフォン

松下由美

ブー・ジュンフォン（巫俊鋒）は熱い想いを持つ、バランスの取れた監督だ。一九八三年生まれのブーは、スペイン留学中に『家族の肖像』（04）を撮った。「ぼくの世界観を投影し、受け入れてほしかった」。性の多様性を謳う切ない願いが込められたこの初短編作を、同性愛が違法のシンガポールで撮ることは不可能だった。

ブーの関心は、性的少数者の権利を代弁するにとどまらない。ゲイである自分は常に外側の人間と感じていたが、中流家庭で育った中華系男性＝多数派として多くを享受する側であることも実感している。〇八年の短編『Tanjong Rhu』は、ゲイに対する囮捜査という実際の題材を扱い公の助成金が下りなかったが、現在ではシンガポール国際映画祭の役員、そして国の映画諮問委員として映画産業の方向性と助成金政策に影響を与える立場にある。

国外追放された反政府活動家を父に持つ主人公という設定ながら、カンヌ映画祭批評家週間で上映された初長編『Sandcastle』（10）は国も一目置いた。「一〇年前にアンソニー・チェンらと興行を超えた映画の価値を政府にアピールして以来、政策は転換し、その価値は認められつつある。次世代の映画作家が育っている今、次の目標は観客を育てること」と来日した際に彼は筆者に語ってくれた。

カンヌのある視点部門で上映された『見習い』（16）は死刑、そして麻薬運搬に関わっただけで極刑が執行される国の現状を問うた。少数派であるマレー系の配役ながら地元の興行そして世界配給でも前作から大きく飛躍した。

次回作『dominion（仮題）』は欧州からの出資で台湾人俳優を主役に迎える。偽善をテーマにカリスマ宗教家の表向きの立場と個人的葛藤を描き、同性愛も扱う。

『見習い』撮影現場。左から二番目がブー・ジュンフォン監督

作家論

アンソニー・チェン

松下由美

デビュー長編『イロイロ ぬくもりの記憶』(13)でカンヌ映画祭のカメラドール受賞以降、自己肯定感の強いアンソニー・チェン(陳哲芸)はさらに自信をつけたようだ。一九八四年シンガポール生まれのチェン。英国国立映画テレビ学校を卒業後も多様性、刺激とある種の危機感の必要を感じてロンドンに居住する。

様々な企画を同時進行させながら、新作『Wet Season』(ポスプロ中)はマレーシアで撮り上げた。『イロイロ』では雇用主とメイド、二人の女性の微妙な関係を描いたが、新作の主人公はなかなか妊娠ができない教師。チェンは観察眼に長け、人生の危機に直面した女性がどうそれに向き合うかを書くのが得意だと自負する。脚本を読んだ投資家の女性は心理描写に共感し、新作への出資を決めたという。

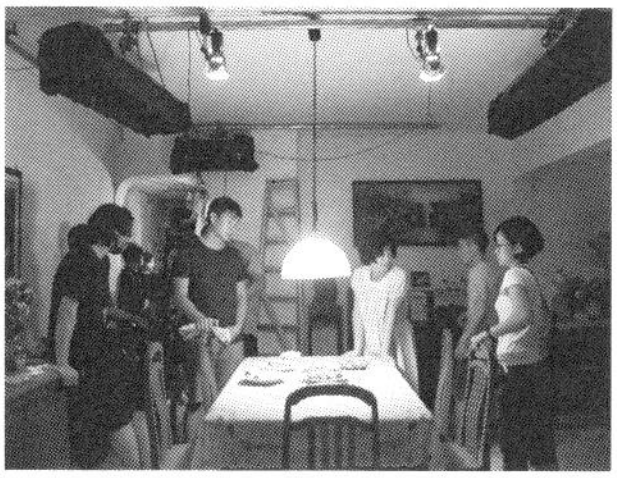
『イロイロ ぬくもりの記憶』撮影現場

チェン自身が一〇歳から劇団に参加していたこともあり、俳優は映画の肝だと捉える。前作同様主演はヤオ・ヤンヤンとコー・ジアルーになったが、オーディションを経て選んだ。そしてワークショップに時間をかけ才能を伸ばす。撮影のテイクの多さは語り草だが、完璧主義が時に過剰だと本人も自覚している。

自分にとっての真実を忠実に描くことが信条のチェン。それはプロデュース作『ポップ・アイ』(17/カーステン・タン)でも見て取れる。自分に身近な心情を描くことで社会的課題は浮き彫りになるものであり、イシューありきのあざとい映画作りに警鐘を鳴らす。

妻は博士号を取得後に待望の妊娠。現在は仕事に復帰した妻に代わり子育ての多くを担う。編集や会議には抱っこひも姿で参加することもある。新たな「責任」を背負ったチェン、英国で撮影する次回作での変化が楽しみである。

pick up この1本

『TOURISM』
無為な運動＝旅＝映画であることの幸福な円環

夏目深雪

フリーターをしている少女ニーナとスーが大和(やまと)市在住らしいことが分かる冒頭で、『大和（カルフォルニア）』（16）を観ている人はピンと来るだろう。その地方都市に住んでいる閉塞感がありながら、ケンジと３人でシェアハウスしている様子の多幸感のようなものが少し気にはなるのだが、観客は期待してしまう。『大和（カルフォルニア）』のヒロイン、サクラが大和市に基地があることを背負っていたように、彼女らも何か背負っていて、サクラが音楽によって覚醒したように、ニーナとスーは旅によって覚醒するのかと。

だがそんな期待を裏切るかのように、ニーナにはあっさり世界中どこにでも行けるペア旅行券が当たり、くじ引きで決めた（！）シンガポールにスーと2人で旅に出る。空港で、現地で入った麺屋で、携帯で自撮りする彼女らからは旅の解放感しか伝わってこず、2人の少女が非常に魅力的に撮られているだけに、2人には何か試練的なものが待ち受けているのだろうか……と悪い期待をしてしまうのだが。

試練はないわけではないのだが、覚醒はない。彼女らは大和市もおろか日本も背負ってはいない（その点で先達である空族の作品とも違いがある）し、アジア映画が“少女”というメタファーに押し付けた疵(きず)からも限りなく自由だ。旅に対してもほとんど毒がない。

監督はこの映画をシンガポール国際映画祭のディレクターから現代美術の展示作品として依頼された。約60分であったその作品に編集を重ねたのがこの映画となる。国際共同製作といえば国の違い、文化の違いなどを乗り越えることが（結果的にでも）テーマになることが多いのだが、この映画はそこが起点でも中心でもないところが面白い。

旅も映画も所詮は一過性のものである。通り過ぎてしまう運動でしかない。その無為な運動を、無為であることを誤魔化さずに撮っている。少女たちが無為に動くからこその美しさで国を越えてしまったとでも言いたげだ。無為な運動＝旅＝映画であることの幸福な円環は、もちろん監督のフットワークの軽さから来ている。撮影はほぼゲリラ撮影で、編集もほとんどネット上で行ったという。夜景が美しかった多民族国家シンガポール、女優たちの若さ、瑞々しさはもちろん、映画が優れた監督によって意味を変えられてしまうことへの嫉妬心を掻き立てられずにはいられない。

『TOURISM』
2018年／シンガポール・日本
監督：宮崎大祐

マレーシア

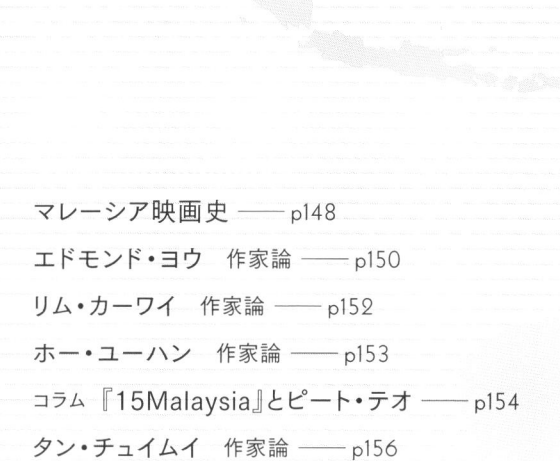

Malaysia

マレーシア映画史

山本博之

P・ラムリーからマレー映画へ

マレーシア地域で最初に制作されたのは、華語映画は『新客』(27未/郭超文)、マレー語映画は『レイラとマジュヌン』(33未/B・S・ラージハンス)だった。初期の映画は、英領時代のシンガポールでインド・フィリピンのスタッフやインドネシア出身のキャストが参加する混成的なものが多かった。

俳優・監督・歌手として後世に大きな影響を残したP・ラムリーの出演作品は、支配者への忠誠か正義かを問うた『ハン・トゥア』(56/ファニ・マジュダムール)や愛国映画として名高い『ハッサン軍曹』(58/ランベルト・アヴェリャーナ)など、娯楽性と社会正義や愛国主義を兼ね備えたものが多かった。

独立後の一九六〇年代に制作の中心はクアラルンプールに移った。多数派のマレー人を優先する政策のもと、一九七三年のP・ラムリーの死もあり、マレーシア映画は混成性を失いマレー映画になっていく。

映画検閲局(LPF)は一九五四年の設立当初の共産主義対策から宗教、暴力、道徳に対象を広げ、P・ラムリー映画で定番の「お化け、お色気、ギャンブル」は姿を消した。一九八一年設立のマレーシア映画振興公社(FINAS)がマレー人向けのマレー語映画を振興する一方、華語やタミル語のセリフを含む映画は外国語映画とされ上映の機会が制限された。

マハティール首相により経済開発が本格化すると、ラヒム・ラザリの『愛国者の死』(84)は伝統的価値の喪失を嘆き、シュハイミ・ババは『ベールの人生』(92)で西洋近代とイスラム教を対比させた。エルマ・ファティマの『ラスト・マレー・ウーマン』(99)は西洋性とマレー性の間で葛藤した。ウウェイ・サアリはマレー人の多様な姿に意義を見出し、『女、妻、そして娼婦』(93)で規範や倫理に縛られない女性を、マレーシア版「納屋を焼く」の『放火犯』(95)でマレー人への同化を拒むジャワ人移民を描いた。

ヤスミン・アフマドと新潮流

二一世紀に入るとデジタル技術による低予算の自主制作が可能になり、身近な物語を語る若い映画人たちが国際映画祭で高い評価を得ていった。ドキュメンタリー作家のアミール・ムハマドが切り拓いた新潮流の牽引役はヤスミン・アフマドだった。

一九五八年生まれのヤスミンはテレビCMの制作で名を馳せ、テレビ映画『ラブン』(03)を制作した。マレー人少女オーキッドと華人少年ジェイソンの恋愛を描いた『細い目』(05)は、多民族・多言語の現実社会を反映し、既存の社会通念を逆転させた「もう一つのマレーシア」を平易でコミカルな物語に織り込み、新しいマレーシア映画の誕生を告げた。『細い目』の七年後のオーキッドとジェイソンの「結婚」を描いた『グブラ』（06）、オーキッドが一〇歳のときの初恋を振り返る『ムクシン』（06）でオーキッドの物語は完結した。『ムアラフ―改心』（08）ではカトリックの青年教師とムスリム姉妹が交流を通じて親との関係を修復し、遺作となった『タレンタイム～優しい歌』（09）では社会や親との関係に悩む高校生たちが民族の違いを越えた友情や愛情に目覚める。

『砂利の道』（05）でインド系の境遇を映像にしたディーパク・クマラン・メノンや盟友ホー・ユーハンと同時期に映画制作を始めたヤスミンは、女優シャリファ・アマニを見出すとともに、『愛は一切に勝つ』（06）のタン・チュイムイや『ポケットの花』（07）のリュウ・センタッらの活躍の道を切り拓き、六編の長編を残して二〇〇九年七月に脳出血で亡くなった。

マレーシア映画の多様化と混成化

ヤスミンの置き土産として華語やタミル語の映画の上映機会が増え、社会の多様な姿が描かれるようになった。『黒夜行路』（09／ジェームズ・リー）では裏社会を潜り抜けた華人青年が表社会に戻るが、『タイガー・ファクトリー』（10／ウー・ミンジン）では華人少女が幼児売買と代理母に手軽に手を染める。『世界の残酷』（15／サンジェイ・クマール・ペルマル）はインド系が直面している貧困や暴力の現実を突きつけた。イスラム化以前の基層文化の力強さに希望を託すデイン・サイードの『ブノハン』（12）はスタイリッシュな殺しを、バーナード・チョウリーの『イスタンブールに来ちゃったの』（12）は冬服を纏った異国情緒の恋物語を描き、新しいマレー人像に挑戦した。

制作現場の混成性が増し、日本で学んだエドモンド・ヨウやリム・カーワイを含めて越境する映画人が増えた。『不即不離―マラヤ共産党員だった祖父の思い出』（16／ラウ・ケクフアット）は、今なお共産主義をタブー視する国内で上映が認められた。

『ノヴァ～UFOを探して～』（13／ニック・アミール・ムスタファ）は、若い映画人たちが先人たちに敬意を表しつつ新世代の映画を作るという決意表明である。その一人のブロント・パラレがプロデュースした『十字路』（18／ナムロン）は外国人移民を通して警察の腐敗を描く異色作で、二〇一八年の政権交代を経てマレーシアの映画は新たな顔を見せている。

作家論

エドモンド・ヨウ

図抜けた美的感覚で社会問題に切り込む

石坂健治

筆者は単なる語呂合わせでなく本気で、故エドワード・ヤン(楊德昌)、エドウィン、エドモンド・ヨウ(楊毅恒)をアジア映画の「天才三エド」と呼んで触れ回っているのだが、ここではヨウの魅力を解説してみたい。

ヨウが腕を磨くにあたって大いなる栄養分となった二段階のプロセスが興味深い。ひとつは日本での研鑽の日々。早稲田大学大学院国際情報通信研究科(GITS)の安藤紘平研究室に学んだヨウは、寺山修司が主宰する劇団天井桟敷出身で、実験映像作家として国際的に知られる安藤に師事して頭角を現す。ゼミでの研究テーマは「魔術的リアリズム」だったそうで、確かにのちの作品に反映されている気配はある。川端康成の小説をマレーシアに置きかえた『手紙』(09)、日本人仲間と秋葉原で撮った『金魚』(09)などの短編はいずれも素晴らしい。

もうひとつは、豪州と日本に留学していたヨウより先にデビューして〝マレーシア新潮〟の一翼を担っていたウー・ミンジン(胡明進)とコンビを組んだこと。緻密な仕事ぶりのウーと、大雑把ながらも図抜けた美的感覚を持つヨウ。異なる個性が際立つ二人は作品ごとに監督とプロデューサーを交代しながら協働し切磋琢磨していく。たとえば、日本旅行を夢見る少女が金策尽きて乳児売買の闇ビジネスに手を染めるウーの『タイガー・ファクトリー』(10)と、金を盗んだ少女が日本へ高飛びしようとして船に潜り込むヨウの『インハレーション(避けられないこと)』(10)は、〝憧れの日本〟という少女の思い込みで物語が展開する点が共通しており、スタッフ・キャストも大半が同じで、いわばお互いに補完し合うような関係になっている。

満を持しての長編デビュー作『破裂するドリアンの河の

記憶』（14）は東京国際映画祭でプレミア上映され、大型新人の登場と評判を呼んだ。高校生の淡い恋愛ドラマとしてスタートしながら、やがて社会や歴史への意識が織り込まれていく青春映画で、複数の人物の視点がリレーのようにつながっていく構成が見事だ。この構成力を目の当たりにして、筆者はまるでエドワード・ヤンが生まれ変わったかと錯覚したのを憶えている。

続く第二作『アケラット―ロヒンギャの祈り』（17）でも若者の生きざまと社会問題がクロスして描かれる。台湾行きを願う若い女性が貯金を失った結果、ロヒンギャ移民を人身売買するという闇のビジネスに巻き込まれていく。マレーシアとタイの国境に近い町を舞台にした本作では、国境に押し寄せるロヒンギャ難民がどのように扱われているのかが一つの見どころとなっている。この地域ではロヒンギャ移民の白骨が多数見つかるという事件が二〇一五年に起きており、ヨウはこの事件から本作のヒントを得たと語っている。他方、金策の果てに闇ビジネスの世界に落ちていくヒロインの造形は『タイガー・ファクトリー』とも響き合っている。ちなみにタイトルの「アケラット」はロヒンギャの言葉で「来世」を意味するそうだ。本作でヨウは東京国際映画祭の最優秀監督賞を受賞した。

『破裂するドリアンの河の記憶』ポスター

同じ一七年に撮られたドキュメンタリー『ヤスミンさん』には、マレーシア新潮に乗り遅れてやってきたヨウの思いが詰まっている。行定勲『鳩 Pigeon』（『アジア三面鏡2016：リフレクションズ』の一編）のペナン島ロケでプロデューサーを務めたヨウは、宣伝用のメイキング映像を撮ってくれ、という筆者を含めた日本側製作陣の依頼に応えて自らカメラを回していた。ところが行定監督がインタビューで故ヤスミン・アフマドへの敬愛の念を語ったことが、ヨウの作家魂に火を付けたのだろう。いつしかカメラはロケ地を離れ、ヤスミンの軌跡をたどる旅へと横滑りを始める。最後はイポーにあるヤスミンの実家に赴き、父母や妹へのインタビューを果たして終わる。なんとも不思議なメイキング・ドキュメンタリーだが、マレーシア映画を牽引した先達に対する尊敬と憧れに満ちた一編である。

作家論

リム・カーワイ

石坂健治

『どこでもない、ここしかない』プログラム

国籍こそマレーシアであるものの、「シネマ・ドリフター(映画漂流者)」と自称するリム・カーワイ(林家威)を東南アジア映画の文脈で紹介していいのかと若干躊躇する。しかしスロベニア滞在時に即興で撮ったという新作『どこでもない、ここしかない』(19)を観れば、そんなことはどうでもよくなってくる。女好きが高じて妻に逃げられたムスリムのゲストハウス経営者が改心して妻を探すという主筋を持つ本作は、登場人物たちの不器用な振舞いが愛おしく描かれ、アキ・カウリスマキと比較したくなるような傑作である。

いくつもの言語を操りながら遊牧民のように絶えず移動し、国籍も民族も越えて仲間たちと協働するカーワイの姿を見ていると、実は同じマレーシアの故ヤスミン・アフマドの理念を最も正当に継承しているのは彼ではないか、とさえ思う。大阪大学留学を経て日本企業に勤めながら三〇歳で脱サラし、北京電影学院に学んで中国で監督デビューしたリムの作品では、香港近郊の島で撮った『マジック&ロス』(10)、大阪を拠点とした三部作の二本(『新世界の夜明け』〈11〉、『Fly Me to Minami 恋するミナミ』〈13〉)も面白い。前者では日韓のキャストから謎めいた雰囲気を引き出し、後者は関西特有の濃密なスキンシップが印象に残る。「メインキャスト一〇数名、出演者の国籍が一〇数国、八ヶ国の言葉が交わされ、梅田周辺オールロケ、ロケ地だけでも一〇〇箇所ぐらい」(監督)という、制作中の大阪三部作完結編『Come and Go』の完成が楽しみだ。

作家論

ホー・ユーハン

山本博之

ホー・ユーハン(何宇恆)は、一九七一年にクアラルンプール郊外のプタリンジャヤで生まれた華人(中華系マレーシア人)である。学校では華語で教育を受け、おじで作家のホー・ナイキン(何乃健)の影響もあって本を多く読んでいた。本と映画が友達であるシャイな少年時代を過ごし、米国の大学で工学を学んだ後、広告業界に入ってヤスミン・アフマドと出会う。観た映画の感想を毎日のようにヤスミンと語り合い、ブラックユーモアを交えたテレビCMを作りながら、映画監督になる夢を温めた。

ユーハン作品には、父が不在または影が薄くて母と子の関係を描くものが多い。多数派のマレー人の前に華人の権利が制限されているマレーシアで、父なるもの(政治・経済的な力)に頼れない華人が母なるもの(文化的な力)に頼らざるを得ない心象を投影し、それを遊び心と皮肉に包みつつ、詩情豊かな作品に仕上げている。

長編初監督作品の『ミン』(03未)は、マレー人の養父母に育てられた華人女性のミンが実の母を訪ねる物語で、ヤスミンの両親がミンの養父母役で出演している。ナント三大陸映画祭の審査員特別賞を受賞した。父の自殺と弔いに始まる『霧』(04未)は、マレーシアの華語インディー作品のミューズとなるチュア・ティエンシー(蔡恬詩)を見出した。釜山国際映画祭NETPAC賞とロッテルダム国際映画祭のHonorary Mention賞を受賞している。

アンディ・ラウのプロデュースによる『RAIN DOGS』(06)では、母と二人で暮らす少年トゥンが音信不通の兄を捜しに都会に出て、闇の世界を垣間見て大人への階段を上る。現実の事件に着想を得た『心の魔』(09)では、女子高生と性交渉した息子を守ろうとして、香港の女優カラ・ワイ演じる母が泥沼にはまっていく。『ミセスK〜裏切りの一撃』(16)では、カラ・ワイが大強盗の過去を隠す主婦になり、娘の誘拐を契機に闘いの世界に戻っていく。他の監督作へのカメオ出演も多く、最近はホラーにも取り組む。

マレーシア

コラム

『15Malaysia』とピート・テオ
——ポスト・ヤスミン時代の文化的リーダー像の模索

石坂健治

『細い目』（04）、『タレンタイム～優しい歌』（09）の監督ヤスミン・アフマドが二〇〇九年に亡くなったあと、彼女を中心に高揚していた〝マレーシア新潮〟の波は停滞してしまう。ヤスミン作品のミューズであった女優シャリファ・アマニは、「私たちの映画が様々な映画祭から注目されるようになった矢先に、突然ヤスミンがこの世から去ってしまいました。（中略）すると皆、親しくなることをやめてしまいました。マレーシアはいつもそうです。フレンドリーで協調性があるときがあっても、それをまとめていた核となる人物がいなくなると反目し合ってしまう。ニューウェーブ後には、ヤスミンのように威信のある人はいません」（「シャリファ・アマニ——ヤスミン・アフマドがいた時代：マレーシア映画のニューウェーブ」、聞き手は筆者。国際交流基金アジアセンターHP）と述べつつも、『タレンタイム』の音楽監督でシンガー・ソング・ライターのピート・テオ（張子夫）に言及する。

「ピートが製作した短編オムニバス『15Malaysia』には名だたる監督が参加し、そこにはヤスミンの遺作『Chocolate』も含まれています。ヤスミンはコラボレーションが大好きでした。このような協力関係がもっと必要だと思います」（同前）

ポスト・ヤスミンの時代にテオが思い描いている新たな文化的リーダーのイメージとは何か。彼が企画・プロデュースしたマレーシアの監督一五人によるオムニバス作品『15Malaysia』（09）が重要な鍵となる。雑貨店の店番をしている華人の少年と買い物に訪れたマレー系の少女（アマニ）の刹那のふれあいとすれ違いを、3分という短時間のなかに見事に描き切ったヤスミンの遺作

『15Malaysia』ポスター

『Chocolate』も含まれる本作には、ジェームス・リー（李添興）、ホー・ユーハン（何宇恒）、タン・チュイムイ（陳翠梅）、リュウ・センタッ（劉成達）、ウー・ミンジン（胡明進）、アミール・ムハマドら、マレーシア新潮の中核メンバーがほぼ全員、各々の短編作品を寄せている。これだけ多くの作家たちを統括したテオのリーダーシップに刮目させられるが、製作の経緯について本人は次のように語っている。

「当時マレーシアは政権として非常に右翼的な、人種差別的な政策が敷かれていたので、それに抗いたいという気持ちで作りました。せっかくだったら何か国に対してちょっと物申すような作品を一五名の監督を集めて作るのはどうだろうと思ったわけです。（中略）取り上げたものとしては「腐敗」であったり「人種差別」、そして「幼児性愛」といったものですね。やはりこういったことを公的に、公に出すものとして取り上げたというのはこの作品が初めてだと思います」（東京国際映画祭2018での発言、聞き手は筆者。同映画祭HP）

制作コンセプトと内容において画期的だった本作は、その配給の方法においても斬新だった。すなわち検閲の及ばないインターネット上に二日ごとに一本ずつ、ひと月で全一五作を配信し、大きな反響を呼び起こすことに成功したのである。その後も反響は続き、若い世代が自作の短編を次々とアップロードし、「#15Malaysia」とハッシュタグを付けた投稿は二〇〇を超えているという。

テオはハリウッド映画『ゴースト・イン・ザ・シェル』（17）で北野武らと共演するなど俳優としても国際的に活躍しているが、〝新潮〟仲間のリュウ・センタッとの共同脚本・監督で短編『Citizens』（17未）を完成させるなど、かつての同志とのコラボレーションを復活させている。ヤスミン的なリーダーというよりは、映画と音楽のジャンルを越えて皆が交差・交流するプラットフォームのような存在として、さらなる人材を巻き込んだ展開が期待される。

作家論

タン・チュイムイ

市山尚三

タン・チュイムイ(陳翠梅)はマレーシア映画を代表する監督の一人であると同時に、二〇〇〇年代半ばの〝マレーシア・ニュー・ウェーブ〟と言われる運動の中心となった映画人である。一九七八年、マレーシアのクアンタンの漁村に生まれたタンは、マレーシア・マルチメディア大学を卒業した後、〇五年に映画製作会社・大荒電影を設立。〇六年に初の長編映画『愛は一切に勝つ』を監督する。自分を愛しているかどうかもわからない男のために我が身を犠牲にするヒロインを描いたこの作品は、プレミア上映された釜山映画祭でニュー・カレンツ賞と国際批評家連盟賞をダブル受賞。〇七年のロッテルダム映画祭では最優秀作品に与えられるタイガー・アワードを受賞するなど、多くの国際映画祭で受賞した。

この監督としての華々しいデビューと並行し、タンはプロデューサーとしても活躍する。ジェームズ・リー監督の『私たちがまた恋に落ちる前に』(06)、リュウ・センタッ監督の『ポケットの花』(08)、アミール・ムハマド監督の『マレーシアの神々』(09)等は多くの国際映画祭に選ばれた。タンが大荒電影を設立した二年前にはヤスミン・アフマドが『ラブン』(03)で監督デビューを飾っていたため、二〇〇〇年代中盤以降、国際映画祭に参加した人々は突然押し寄せたマレーシア映画の〝新しい波〟を目撃することになった。

一〇年、タンは長編第二作『夏のない年』を監督。これはタンの生まれ故郷で撮られた作品で、現在と過去を幻想的に交錯させ、前作とは全く異なる世界を作り上げた。一一年にはジャ・ジャンクー(賈樟柯)がプロデュースしたオムニバス映画『我が道を語る』の一エピソードを監督。中国で活躍する一二人の人々をドキュメントするこの作品で、タンは農村の貧しい人々を取材するジャーナリストの活動を描いた。その後も短編作品は発表しているが、そろそろ長編の新作を期待したいところである。

インドネシア

Republic of Indonesia

インドネシア映画史

福岡まどか

初期〜国産映画の成立と発展

インドネシア国産映画の本格的な製作が始まったのは独立後の一九五〇年代である。五〇年代以降に社会派作品から娯楽映画まで多くの作品を生み出したウスマル・イスマイル監督をはじめ、シュマン・ジャヤ監督、ウィム・ウンボ監督などが国産映画の先駆者として位置づけられる。

五〇年代前半には歌の多いマレー映画がインドネシアで人気を博す。マレー映画は徐々に制限されたが五〇年代後半にはインド映画が人気となる。これらの外国映画は国産映画にとって脅威となる一方で、インドネシア音楽映画にも影響を与えた。インドネシア国内でもビン・スラメットやベンヤミンなどの歌手たちが映画の中で活躍してきた。一九七〇年代以降にはロマ・イラマのダンドゥット映画も知られている。

一九六〇年代に政府は輸入映画の検閲基準を下げ映画産業を立て直したが、それによって社会の批判が高まったことを受けて、一九七二年にふたたび検閲基準を厳しくした。国内で経済回復の兆しが見られた七〇年代以降、映画産業は再びさかんになる。この時代に活躍した代表的監督はトゥグー・カルヤで、彼は多くの作品を生み出すとともに、「テアトル・ポピュレール」劇団を結成し、後進の俳優や監督を育てた。俳優・監督のスラメット・ラハルジョや女優・監督のクリスティン・ハキムなどの活躍が知られている。

一九八〇年代以降〜多様性のなか、活況を呈すインドネシア映画

八〇年代には映画人を育てる教育機関の設立や映画祭の実施などが見られるようになり、多くのすぐれた作品や国際映画祭で評価される作品が生み出されていった。八〇年代の終わりには年間の国産映画制作本数は一〇〇本に達する。一九九〇年代に入り、アメリカ映画の自由化にともなって国産映画は厳しい競争を強いられる。八〇年代後半から活躍し始めたガリン・ヌグロホ監督は九〇年代以降多くの名作を国内外に発信していく。

衰退気味であった国内の映画産業は九〇年代後半から再び勢いを取り戻して若い映画人たちの活躍も始まり活況を呈している現状にある。一九九八年にインディーズ映画の記念碑的作品とされる『クルドサック』(98)を制作した四人の若手監督、リリ・リザ、ミラ・レスマナ、ナン・アハナス、リザル・マントファニは現在まで精力的に映画製作に携わり、インドネシア映画界を牽引する存在となっている。

一九九八年のスハルト大統領の退陣による報道やメディアに対する規制が緩和されたこともあいまって、二〇〇〇年代以降イスラームに焦点を当てた作品やジェンダー、セクシュアリティの多様性を取り上げた作品、華人の存在をクローズアップした作品などが登場した。青春映画のヒットを生み出したルディ・スジャルウォ監督、多彩な作品を発表している女性監督ニア・ディナタ、イスラームと愛を描くヒット映画を生み出したハヌン・ブラマンティヨ監督、シュールな映像世界で社会の緊張関係を描くエドウィン監督、アクション映画などで知られるイファ・イスファンシャー監督などの活躍が見られる。

より若い世代では、社会派からドラマまで意欲的な作品を発表しているアンガ・ドゥイマス・サソンコ監督などの活躍も顕著である。二〇一六年以降、国内映画産業が海外資本に対して開かれたことによって、韓国をはじめ多くの地域との共同制作が見られ、映画館や観客動員数が増加している。

インディーズ・アート分野の父、ガリン・ヌグロホ

上記のような浮き沈みの激しい時期を経て、国産映画が多様な発展を遂げてきたのがインドネシア映画産業の現状である。この映画史の中で、ガリン・ヌグロホ監督は八〇年代以降多様な作品を着実に生み出してきたことで知られる。一九六一年インドネシア中部ジャワのジョグジャカルタに生まれ、インドネシア大学で法律を学ぶとともに、ジャカルタ芸術大学映画学部で映画を学ぶ。一九八五年の卒業後、ドキュメンタリーや短編ビデオ・クリップなどを含む多彩な作品を生み出してきた。後進の映画人を育てる活動の中では上述のリリ・リザ監督やハヌン・ブラマンティヨ監督などにも影響を与えた。九〇年代の代表作には『一切れのパンの愛』(91)、『天使への手紙』(94)、『枕の上の葉』(98)などがあり、その後もメッセージ性の強い社会派作品、宗教を扱った作品、ラブストーリー、LGBTをテーマとする作品に至るまで多彩な作品群を国内外に送り出している。

二〇〇六年に発表された『オペラジャワ』と二〇一九年七月東京で上映される『サタンジャワ』は監督自身が描くジャワ文化表象のひとつの形としてとらえられるだろう。また伝統文化とともに現代アートの発信地でもあるジョグジャカルタは、芸術活動全般においてインディーズの気風が目立っている。ガリン・ヌグロホ監督はジョグジャカルタ発信の自主映画製作をはじめとするアートの分野での先駆的・中心的存在でもある。

作家論

リリ・リザ

石坂健治

リリ・リザは若くして二一世紀のインドネシア映画を牽引してきた重要な作家である。スハルト政権崩壊の時期に若い監督四人で撮った『クルドサック』(98)は、まさに新世代の息吹を映画界にもたらした。このとき共同監督として組んだミラ・レスマナはその後、リザ作品のプロデューサーに回り、数々の話題作を一緒に作ることになっていく。リザが商業的に売れる映画と実験的なアート作品をバランスよく世に送り出せるのは、監督としての資質もあるが、レスマナの周到なマネジメント戦略に追うところが大きい。

リザはまず、平易な語り口で万人が楽しめる映画を作る技量を十二分にそなえている。幼い少女の冒険を歌にのせて描く、単独監督デビュー作のミュージカル映画『シェリナの大冒険』(00)で早くもその片鱗を見せ、小島のイスラーム小学校に赴任した女性教師と一〇人の児童の交流を見つめた、インドネシア版「二十四の瞳」といった趣きの代表作『虹の兵士たち』(08)は歴代興行記録を塗り替えるメガヒットとなり、ただちに続編『夢追いかけて』(09)が作られるほどのブームとなった。トレンディ・ドラマ的な同窓会ものの『再会の時~ビューティフル・デイズ2~』(16)も楽しめる。

他方、作家性が強く出たアート系や社会派のほうは、夭折した華人の共産主義運動家を描いて現代史の闇に光を投じた『GIE』(05)、東ティモールから多くの難民が流入した国境の街を舞台に、離れた母を想う青年の日常を抒情的に描いた東京国際映画祭コンペ入選作『ティモール島アタンブア39℃』(12)などが知られるが、私見では初期の『エリアナ、エリアナ』(02)が抜群にいい。ジャカルタに住む娘と彼女に会うため田舎から出てきた母が過ごす一夜の物語で、都市の孤独のなかで疎遠だった母娘が和解していくさまを描いた〝淡麗辛口〟の家族ドラマである。とくに母親役のヤヤン・C・ヌール(野田秀樹作『三代目、りちゃあど』出演など国際的な舞台女優)の抑えた演技は見事だ。

作家論

エドウィン

夏目深雪

エドウィンの処女長編と短編集を観た時は驚いた。初長編『空を飛びたい盲目のブタ』(08)もS・ワンダーの楽曲が繰り返されるビザールな傑作だったが、なんといっても短編『木の娘・カラ』(05)。山間の一軒家で妊婦が出産に挑んでいるところに、突然マクドナルドのロナルド人形が空から降ってきて、直撃を受けた妊婦は即死。産まれた娘はカラと名付けられ、時は流れ、現代。街角でロナルド人形を見かけた少女カラは、しゃにむに殴りかかる……。

一九七八年、スラバヤ生まれ。シュールな設定とビザールな感覚のよさは短編の方が出るせいか、当初は短編作家として注目された。『空を飛びたい盲目のブタ』も中国系の爆竹少女、盲目の歯科医と助手、ゲイのカップルと、複数のエピソードが絡み合いながらも、明確な起承転結はない。つながれている豚が何度か出てくるのだが、解釈は観客に委ねられる。だが、彼の出自が投影されているインドネシアでの華人の差別問題、豚が登場する意味など、背景知識がなくても、設定の毒と感覚的なもので伝わってくるところが美点だろう。反倫理的（ゲイカップルと歯科医の三人の性行為！）で反論理的なのが彼の真骨頂なのだ。

長編二作目『動物園からのポストカード』(12)は父親に動物園に置き去りにされた少女を描いた寓話的な作品。続く『舟の上、だれかの妻、だれかの夫』(13)は、不倫の伝承を追う少女を描いた謎めいた中編。だが、長編三作目『ひとりじめ』(17)では女子高校生を主人公に描きインドネシアの興行成績を塗り替え、最新作『アルナとその好物』(18)ではずっと組んでいた女性プロデューサー、メイスク・タウリシアに加え、韓国CJエンタテインメントが製作に加わり食をめぐる男女四人の旅を描いた。

とはいえ『アジア三面鏡2018:Journey』(18)の『第三の変数』では日本に来た倦怠期の夫婦を主人公に相変わらずシュールで反倫理的な作品を撮り、今後彼がどんな方向に行くのか目が離せない。

作家論

モーリー・スリヤ

非日常的な設定でインドネシアの女性を照射

市山尚三

映画監督の場合、作品を積み重ねたからといって必ずしも作品評価が向上するとは限らない。映画の評価を技術のみに限るなら、作品を積み重ねてクオリティが向上することもあるかもしれない。だが、技術的には劣っていても、結局デビュー作が最も高く評価されるということも決して珍しいものではない。

インドネシアの女性監督モーリー・スリヤは、三本の長編劇映画を監督する中で、一作ごとに驚くべき向上を達成してきた。一九八〇年にジャカルタで生まれたスリヤはオーストラリアに留学し、スウィンバーン大学でメディア・文学の学士号を、続いてボンド大学で映画製作の修士号を取得。インドネシアに帰国し、助監督として働いた後、二〇〇八年に初の長編劇映画『フィクション。』を監督する。

私がこの作品を見たのは、一〇年に東京フィルメックスが始めたアジアの若手監督対象のワークショップ「ネクスト・マスターズ（現在の「タレンツ・トーキョー」）」にスリヤが応募してきたことによる。自らの過去作として提出されたこの作品は、これまでに見たどんなインドネシア映画とも異なるユニークさを持ち合わせていた。裕福な家に育った少女が様々な境遇の下層社会の人々が暮らすマンションに迷い込むという〝不思議の国のアリス〟的な設定が展開するこの作品は、技術的には粗削りな点は多々あったが、次作を是非見てみたいという意味で、我々は彼女を「ネクスト・マスターズ」の参加者に選んだ。ただ、この時点では、彼女が後に『マルリナの明日』（17）ほどの作品を撮る監督になるとは、正直なところ予想していなかった。

スリヤが「ネクスト・マスターズ」参加時に開発していた企画は、一三年、監督第二作『愛を語る時に、語らないこと』として結実する。人気俳優ニコラス・サプットゥラを主演に迎え、ハンディキャップを抱えた若者たちの恋愛を描いたこの作品は、その題材のユニークさもさることながら、技術的にも前作から大きな飛躍を見せている。この作品はインドネシア映画史上初めてサンダンス映画祭の公式上映作品に選ばれ、続いて上映されたロッテルダム映画祭では優秀なアジア映画に与えられるNETPAC賞を受賞。その後も多くの国際映画祭で上映された。

『マルリナの明日』

　その第二作を更に上回る成功を収めたのが、監督第三作『マルリナの明日』だ。ガリン・ヌグロホから与えられた原案をスリヤ本人が脚本化して映画化したこの作品は、インドネシアでは珍しく乾燥した風景を見せるスンバ島を舞台に、強盗団に襲われた未亡人の復讐を西部劇スタイルで描く。強烈な印象を残す映像を撮影したのは『フィクション。』以来タッグを組んでいるユヌス・パソラン。監督とカメラマンが共に作品ごとに大きな成長を遂げていると言えるだろう。この作品は一七年カンヌ映画祭「監督週間」でワールド・プレミアを飾り、東京フィルメックスではカミラ・アンディニ監督の『見えるもの、見えざるもの』(17)と並んで最優秀作品賞を受賞。その後、多くの国々で劇場公開されている。

　スリヤのこれまでの作品は多かれ少なかれインドネシアの女性の社会的状況を照射しているという点で共通している。それも、リアリズムで描くというより、幾分非日常的な設定を用いて描いている点が面白い。それにしても、一作ごとに明らかにパワーアップを続けられているのはなぜであろうか。それぞれの作品の間には四、五年のブランクがあるが、その間、スリヤは様々な映画祭の企画マーケットやワークショップに積極的に参加している。時間をかけ、人々の考えを聞いたうえで新作にとりかかるその態度が彼女のこれまでの成功を支えてきたのではないだろうか。今や世界の多くの人々が待望しているスリヤの新作がどのようなものになるのか、今から楽しみで仕方がない。

作家論

テディ・スリアアトマジャ

夏目深雪

出世作『ラブリー・マン』（11）では一九歳のムスリムの少女チャハヤが幼い時に別れた父親を捜しにジャカルタを訪れるが、なんと父親は女装して街頭に立っていたという話。女性がヴェールをかぶるイスラム教圏でトランスジェンダーの話、そして性的に抑圧があるその二種のジェンダーが親子だという設定。清楚な娘と化粧がケバい父親の対比、その二人が夜のジャカルタで寄り添う。かぶさるのはヤスミン・アフマドの影響を感じさせる「月の光」。

一九七五年東京生まれ。父親が外交官で、ウィーン、NY、ロンドンなど多文化な環境で育った。二〇〇一年に自主製作映画でデビューし商業作品を五本ほど作り、『ラブリー・マン』で内外の映画祭で賞を得る。この作品は国内で公開するつもりはなかったが(チャハヤがヴェールを取るシーンが懸念だったという)、インドネシアでLGBT作品を上映するQ！フィルムフェスティバルのディレクターに見せたところ、ぜひかけたいと言われた。上映したら評判がよくて、他国のLGBT系を含む多くの映画祭に招待された。インドネシアにそれまではトランスジェンダーを扱った映画はほぼなかったが、それ以降は多く作られるようになった。

『タクシードライバー日誌』（13）は性欲をもてあますドライバー、アハマドが隣人の娼婦を売春から救おうとし暴走する。『アバウト・ア・ウーマン』（14）は老婦人が親戚の青年をメイドとして雇い、淡い恋心を抱くようになる。三作で親密さについての三部作という。この二作も、アハマドが敬虔なイスラム教徒であったりと、性と宗教、社会一般の通念に対する捩れ、批評が感じられる優れた作品だ。そして逸脱への欲望と登場人物への優しい視点がよい味わいを与えている。インドネシア社会を外から見る視点を持つ貴重な存在だが、だからこそインドネシアでは公開が難しいのだと二〇一六年に来日した監督は語っていた。

新作『朝を待つ』（18末）は一〇代の恋愛や性を描いた作品だという。今後の動向は要注目だ。

カンボジア、ミャンマー、ラオス

Kingdom of Cambodia
Republic of the Union of Myanmar
Lao People's Democratic Republic

カンボジア、ミャンマー、ラオス映画史

石坂健治

映画史の発掘が続くカンボジア ミャンマーでは日緬合作が盛ん

カンボジア映画は一九六〇年代から七〇年代前半にかけて黄金時代を謳歌。プノンペンは映画の都となり合計四〇〇本余りが製作された。なかでもホラー映画が人気を博し、ティ・リム・クンの『怪奇へビ男』(70)は続編も作られた。しかし七五年にクメール・ルージュが政権を握るとそのほとんどが処分され、映画人も粛清された。現存しているフィルムはわずか三〇本といわれている。その後の空白期から今日まで、フランスで育ったリティ・パンは祖国の姿を捉えた数々のドキュメンタリーを発表して国際的に評価されている。

二一世紀に入ると国内での映画製作が徐々に復活。ソト・クォーリーカーは『怪奇へビ男』の主演女優ディ・サヴェットを『シアター・プノンペン』(14)に起用し、フランス生まれのデイヴィ・シューも八〇歳を越えて健在のクン監督に取材して『ゴールデン・スランバーズ』(11)を完成させるなど、若い世代による映画史の発掘が緒に就いている。パンが設立したボパナ視聴覚リソースセンターや、二〇一一年創始のカンボジア国際映画祭が重要な役割を果たしている。

ミャンマー(ビルマ)映画は一九三〇年代にピークを迎え、〝ビルマ映画の父〟と称されるウ・ニプは日本ロケ作『日本の娘』(35)(※)をPCL(東宝の前身)と合作した。近年はドキュメンタリーや短編が盛んに制作され、二〇一一年創始のワッタン映画祭が発表の場となっている一方、『柔らかいステップ』(73)、『水かけ祭りの雨』(85)といったかつての人気作が発掘・上映されている。台湾をベースに活動するミャンマー華僑の作家ミディ・ジーについては別項を参照されたい。なお、日本人監督のミャンマー関連作品は、市川崑『ビルマの竪琴』(56年版/85年版)、千野皓司『血の絆』(03)、藤元明緒『僕の帰る場所』(17)、松永大司『碧朱』(18)(『アジア三面鏡2018:Journey』の一編)など。

ラオスでは初の女性監督マティ・ドゥーが『Chanthaly』(13)でデビュー。二〇一〇年創始のルアンパバーン映画祭や、短編コンペ部門が中心のビエンチャン国際映画祭が盛り上がりをみせている。熊澤誓人『ラオス竜の奇跡』(16)が初の日本ラオス合作となった。

※『にっぽんむすめ』のタイトルで上映されることが多いが、製作時の正式な表記は『日本の娘』。

作家論

ソト・クォーリーカー

石坂健治

『シアター・プノンペン』（14）で鮮烈にデビューした女性監督ソト・クォーリーカーは、リティ・パンが切り開いた新生カンボジア映画の領野をさらに広げている。映画を学ぶ若い女性がふとしたきっかけで、病床の母親がかつて一世を風靡した女優であったこと、ポル・ポト時代に恋人と引き離され、クメール・ルージュの兵士と結婚させられたこと、その兵士こそ自分の父親であることを知ってしまう。ショックを受けながらも彼女は、フィルムの最終巻が欠落したまま遺っていた母の主演作の上映会を開催し、学友とともにリメイクした新しいラストシーンを旧いフィルムに連結。母娘二代にわたる〝映画製作〟はハッピーエンドの大団円を迎える。

本作で注目すべきは主人公と父親の関係で、過去の悲惨な事実を知ったヒロインは父を許せないのだが、最後には上映会に父を招き、家族が並んで客席に腰を下ろす。セリフはないが、家族はみな笑顔なので、父娘は和解に向かうのだろうと思わせる。監督はポル・ポト時代に父親を殺された経験を持つが、ここにはあの時代と向き合う若い世代から発せられた切実な問いかけがある。ラストは甘すぎるという批判も受けたそうだが、議論を招き寄せること自体、『シアター・プノンペン』が優れたディスカッション・ドラマであること示している。

『シアター・プノンペン』ポスター

監督は本作で東京国際映画祭「アジアの未来」部門国際交流基金アジアセンター特別賞を受賞。ただちに『アジア三面鏡2016：リフレクションズ』の監督の一人に抜擢され、『Beyond The Bridge』で日本人青年とカンボジア人女性の恋愛を描いた。

作家論

デイヴィ・シュー

石坂健治

自身の体験を織り込みながら祖国の現代史と向き合うソト・クォーリーカーのような作家が登場する一方、移民の二世としてフランスで生まれ育ったデイヴィ・シュー（カンボジア語音では「ダヴィ・チュウ」に近い）は、一九六〇年代に黄金時代を謳歌しながらポル・ポト時代に抹殺されたカンボジア映画、とりわけ人気を博していたホラー映画の歴史を紐解くアーカイブ・ドキュメンタリー『ゴールデン・スランバーズ』(11)でデビューした。アーカイブとはいうものの、現存するフィルムがきわめて少ないなかで、二一世紀に入ってから映画史の痕跡をたどる困難な旅の記録である。首都プノンペンは当時、映画の都として東南アジアに君臨し、合計四〇〇本に達する映画が製作された。しかし七五年にクメール・ルージュが政権を握るとただちにそのほとんどが処分され、映画人もまた粛清された。シューは国外に逃れて生き残ったホラーの巨匠監督、ティ・リム・クンをカナダに訪ねてインタビューするが、そこで語られる黄金時代のエピソードとその後の受難の体験の落差には言葉を失う。本作がきっかけとなってクンの代表作『怪奇ヘビ男』(70)が二〇一二年の東京国際映画祭で上映され、来日した老巨匠は万雷の拍手を浴びた。

シューの第二作『ダイアモンド・アイランド』(16)は、貧しい村を出てプノンペンの東端の一大商業地域ダイアモンド・アイランドの建築現場で働く若者たちに焦点を当てたドラマで、歴史を発掘する前作とは逆に、現在の経済成長の陰で労働力として搾取される人間を見据えている。劣悪な労働環境にもかかわらず将来に夢を抱く青年を演じた主演のヌオン・ソボンは、タクシー運転手をしていたところ監督と出会いスカウトされたそうで、全編にわたり等身大のリアリティを作り上げている。カンボジア在住でないシューは、つねに外からの視線と距離をもって第二の祖国カンボジアの過去と現在を描いており、かえってそれが彼の存在をユニークなものにしている。

作家論

ミディ・ジー

二つの祖国、フィクションとドキュメンタリーの間を行き来する

浦川留

ミディ・ジー（趙徳胤／Zhao De-yin）は台湾に帰化したミャンマー華僑である。ミャンマー映画の監督というわけではないが、ミャンマー出身の監督で今もっとも世界的に知られる存在だ。ちなみにミディとは子どもの頃からの愛称（小さい弟の意）、ジーはZhaoのZである。

ミャンマーには多様なルーツを持つ百万単位の華人が住み、ミディ・ジー（以下ミディZ）は祖父の代に国共内戦を逃れて雲南からミャンマー（当時はビルマ）へ移り住んだ一家の末っ子として八二年に生まれた。中国とミャンマーを結ぶ交通の要地ラーショーの貧困地域で育ち、麻薬売買、人身売買、密出国、出稼ぎなど、のちに彼の映画で繰り返し描かれるモチーフは身近な人々の実話がベースにある。そうした中、九八年にミディZは試験を通って一六歳で台湾に留学（逃げるように国を出た、と本人は言う）。一家にとってもそれが大きな希望と救いであったことは想像に難くない。

台中の高校から国立台湾科技大学に進んだミディZは、二〇〇二年から短編を撮り始めた。当初は賞金目当てだったそうだが、動機はともあれ他の映像作家が持たないミャンマーというバックグラウンドは強みとなっただろう。バイクを買いに中国へ越境した男を描く『摩托車伕』（08未）、台湾へ出稼ぎに来た青年を同郷の者が迎える『家郷來的人』（09未）など、短編の多くはミャンマー人の物語あるいは物語未満の魅力的な断片である。早くからみられるドキュメンタリー的なスタイルは、予算がなくて身内や友人に出演してもらい街中ではゲリラ撮影するほかなかったことによる。

金馬電影学院でホウ・シャオシェン（侯孝賢）らの薫陶を受けたミディZは、『リターン・トゥ・ビルマ』（11）で長

編デビュー。長い独裁政治が終わった祖国の変化を体感すべく帰国した際に撮った作品で、続いて彼はタイに不法滞在するミャンマー人たちの苦境を描いた『貧しき人々』(12)、貧農の青年が中国帰りの女性と出会い運命が暗転していく『アイス』(14)を発表。合わせて〝帰郷三部曲〟と呼ばれる。素人俳優たちの自然さ、展開の緩慢さ、故郷ラーショーへの感傷的まなざしは、アピチャッポン・ウィーラセタクンを思わせる風合いがあり、一方で物語は抽象性やスピリチュアル性を持たずむしろドラマ志向である。

ここでミディZの作品に欠かせないキーパーソンを二人あげておきたい。一人はワン・シンホン(王興洪/製作者としては王福安でクレジット)。彼も台湾在住のミャンマー華僑で、初期の短編から製作兼出演でミディZとタッグを組む。『アイス』で演じたバイクタクシー運転手がバスターミナルで延々と客引きをする驚きのロングショットを記憶する人も多いだろう。もう一人は『リターン〜』で製作助手、『アイス』からは毎作出演するウー・カーシー(呉可熙)。ジャ・ジャンクー(賈樟柯)作品におけるチャオ・タオ(趙濤)同様、ミディZ作品のミューズであり同志である。

〝帰郷三部曲〟で国際的評価を得たミディZは、タイに密入国した男女の愛とすれ違いを鮮烈に描き、ミャンマー版『牯嶺街(クーリンチェ)少年殺人事件』とも評される『マンダレーへの道』(16)でインディーズから商業映画へと歩を進めた。同年には危険地帯で翡翠採掘を続ける長兄に密着した『翡翠之城』(16)も完成。すぐれたドキュメンタリー作家でもあるミディZのパーソナルでナイーブな作品だ。

『マンダレーへの道』
ポスター

国を離れて一〇年後にようやく帰省したとき、ミディZは昔のままの風景や人々に感慨を覚えるとともに、台湾では異郷の者である自分が故郷に戻ると今度は台湾から来たよそ者になっていることに気づいた。そのことが傍観者・観察者としてのミディZの作品をミャンマーと切り離せないものとしたように思える。それからまた台湾で一〇年が経ち、最新作の『灼人秘密』(19)はウー・カーシーが脚本兼主演、若手人気女優のビビアン・ソン(宋芸樺)とキミ・シア(夏于喬)が共演の、初めて台湾を舞台とする台湾映画。キャリアの第二段階に入ったといえるだろう。

国際共同製作＆
東南アジア映画を知るための資料

コラム　国際共同製作の現場１

プロデューサーとして――東南アジアの国際共同製作の現在

市山尚三

吉田恵輔監督の『愛しのアイリーン』（18）に私はアソシエイト・プロデューサーとして参加した。私が担当したのは映画の冒頭のフィリピン・ロケのコーディネート、そしてヒロインを始めとするフィリピン人女優のキャスティングである。私は東京フィルメックスの「タレンツ・トーキョー」の参加者であったビアンカ・バルブエナに連絡し、彼女が代表を務める製作会社エピックメディアにこの仕事を頼んだ。結果、監督のイメージ通りの女優たちが決まり、またアイリーンの実家がある村という設定のロケーションも、マニラ郊外の漁村が決まった。

バルブエナはまだ三一歳だが、既にフィリピンを代表するプロデューサーとして活躍している。『愛しのアイリーン』の撮影当時、彼女はラヴ・ディアス監督の『悪魔の季節』（18）を準備しており、それはフィリピンとマレーシアの合作となるとのことだった。興味深いのはその理由である。フィリピンでは娯楽映画が盛んに作られており、機材レンタルの料金設定も娯楽映画が基準になっているため、レンタル料は決して安くない。一方、娯楽映画がそれほど盛んではないマレーシアでは、機材を非常に安く借りることができる。そこで、マレーシアとの共同製作とし、撮影の大半をマレーシアのジャングルで行ったのだという。

私が東京国際映画祭のセレクションに関わるようになった一九九〇年代は東南アジアの国々の間の人材交流はそれほど活発ではなかった。フィリピンやタイには映画産業が存在していたが、自国の観客を対象に映画を作るのみで、他国とのコラボレーションが生まれる土台はなかった。二〇〇〇年以降、デジタルによる映画製作が普及した影響で、東南アジアの映画地図は大きく変わった。インドネシア、シンガポール、マレーシアなど、これまでほとんど映画産業が存在しなかった地域から続々と若手の映画作家たちがデビューした。フィリピンやタイからも既存の映画産業とは別のところからインディペンデント映画作家たちが現れた。一方、二〇〇二年

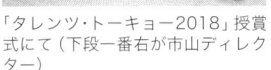

「タレンツ・トーキョー2018」授賞式にて（下段一番右が市山ディレクター）

『愛しのアイリーン』撮影風景

にベルリン国際映画祭が若手映画人を対象とするワークショップ「タレント・キャンパス（現在のベルリナーレ・タレンツ）」を始めたのを皮切りに、世界各地の多くの映画祭が若手育成プログラムを始めた。東南アジアの若手映画作家たちは自作を作る機会を模索するためこの種のプログラムに積極的に参加し、ネットワークを構築していった。

『イロイロ ぬくもりの記憶』（13）でカンヌ映画祭カメラ・ドール（新人監督賞）を受賞したシンガポールのアンソニー・チェンは、まさにこのような流れの中からデビューを飾った監督である。二〇一〇年東京フィルメックス期間中に開催された「ネクスト・マスターズ（現「タレンツ・トーキョー」）でこの企画をプレゼンしたチェンは、同期の参加者であるフィリピンの映画監督シェロン・ダヨクにフィリピン人メイド役のキャスティングを依頼。素晴らしい演技を見せたアンジェリ・バヤニの出演が決定した。製作予算が十分にあればプロのキャスティング担当を雇えば済む話だが、その予算がない時に頼りになるのは同じワークショップで学んだ仲間たちである。一つ一つ事例をあげる余裕はないが、その後も「タレンツ・トーキョー」の東南アジアの参加者同士のコラボレーションは幾つも報告されている。

人材交流が活発になったとはいえ、資金面での共同製作は決して簡単ではない。各国におけるインディペンデント映画のマーケットは極めて限られているからだ。ヨーロッパにはEU内の共同製作作品を助成する組織「ユーリマージュ」がある。東南アジアでの人材交流が活発化している現在、資金面でその動きを支えるシステムがあれば大きな成果が得られるだろう。かつてはNHKが出資によりアジア映画を支えてきた時期もあった。日本が何らかの形でこの流れに寄与できないものだろうか。

コラム　国際共同製作の現場2

『バンコクナイツ』――ラオス・シェンクワンにて

相澤虎之助（空族）

はじまりは海外の映画祭でした。私たち空族の富田克也監督が興奮した声で「虎ちゃん、ラオスの映画監督とプロデューサーの人に会ったよ！」と電話をしてきたのです。『バンコクナイツ』(16)はタイ・ラオスを舞台に構想されていましたが、その準備段階において実際のところタイの映画製作者の協力はあっても、私たちにとってあまり馴染みの無いラオスの映画製作者と出会う機会がありませんでした。そんな時に国際映画祭がそのチャンスを与えてくれたのです。映画祭と聞くと華やかな賞レースばかりに話題が集中しますが、世界各国から映画製作者が集う映画祭にこそ国際共同製作の出会いの一番のチャンスがあります。その後連絡を取り合う中で、まずは英語に翻訳した映画の概要を記した企画書と脚本を彼らに送って読んでもらい、ロケハンの段階で私たちはラオスのビエンチャンに飛んで一緒にミーティングをすることになりました。

ビエンチャンは美しい街で、中心にパトゥーサイと呼ばれる凱旋門が建っています。ラオスはフランスの植民地だったのでその名残とも言えますがビエンチャンの凱旋門は外観がラオス様式になっていて、一九六二年の内戦終結時のラオスの人々の植民地からの独立への想いが込められているのです。市内のカフェに着くと、マティ・ドゥー監督とプロデューサーであるドゥアンメニー氏が私たちを出迎えてくれました。

「ヘイガイズ！　待っていたわよ！」

ラオス新進気鋭の女性監督であるマティ監督は、カリフォルニアに住んでいたこともあって陽気な笑顔で私たちにウインクします。

「脚本は読んだわ。撮影許可については少し難しい部分もあるけど、多分大丈夫。ねえ？」

傍らにいたドゥアンメニー氏は優しい微笑みでうなずきました。

『バンコクナイツ』のラオスシーンでは、シェンクワン州にあるベトナム戦争時にアメリカから猛烈な爆撃を受けた際に出来たクレーターの撮影が設定されていました。無数の爆撃跡が残されているシェンクワンはロケハン時でも現地の観光局の

マティ・ドゥー監督

ケーンのリハーサルをするドゥアンメニー氏（右端）

『バンコクナイツ』のクレーター

許可を取らなければ行けない場所で、映画撮影は困難だと思われました。ミーティングでは映画の内容よりもラオスの歴史について多く語り合い、ラオスが実は世界史上最も激しい爆撃を受けたこと、ベトナム戦争の陰に隠れてそれが秘密裏に行われ歴史上から抹殺されていたこと、それでもラオスの人々は自然と共に逞しく生きていることなどを伝えるのも映画のテーマであることを私たちは熱弁しました。

「わかりました。政府との交渉は私たちに任せてください。一緒に映画を造りましょう」

ラオスで四〇年映画を製作してきたドゥアンメニー氏と私たちは固い握手を交わしました。

撮影当日、私たちは目前に広がる無数に空いた大きなクレーターを前にまるで自分たちが月面に着陸した宇宙飛行士のような気持ちになりながら、皮肉にも人類が初めて月に到達したその年もシェンクワンには無数の爆弾が落とされ、これらのクレーターが生み出されていたことを考えました。撮影準備の傍らでドゥアンメニー氏が地元の老人たちとケーンの演奏のリハーサルを始めます。ケーンとはラオスを象徴する音楽であるモーラムに欠かせない竹で組んだ笙に似た楽器です。シェンクワンのシーンは巨大なクレーターをバックに主人公とラオス若者たちが集う中、伝統音楽であるモーラムが鳴り響くという設定でした。撮影本番になりケーンが高らかに吹き鳴らされ、お爺さんがシェンクワンの歴史をラム（語り）始めます。同行していたラオス政府の役人も一緒になって踊り始めます。戦火の中を可憐に生きた女性を歌った「シェンクワンの娘」というモーラムが終わると出演もしていたマティ監督とラオスの若者がセリフを言って撮影は無事終了しました。

「ここは僕たちの故郷だ。何も変わらないよ」

コラム 国際共同製作の現場3

『TOURISM』――映画を媒介に国を越える

宮崎大祐

私は以前から海外に対する興味が強く、旅行も好きな方ではあった。しかし、本格的に「国際共同製作」なるものに足を踏み入れることになったきっかけは、二〇一四年に参加したベルリン国際映画祭の「タレンツ」ワークショップであろう。世界中から集められたおおよそ一〇〇名の参加者たちは機械的に大陸ごとに分けられ、同じ大陸の映画制作者たちと一週間近く寝食を共にすることになった。そこで私は改めて自分が世界の中ではアジア人以上でも以下でもないという当たり前の事実を強く実感するとともに、「アジアの映画制作者たち」という、今まで近すぎてあまり見えていなかった隣人たちと交流することになった。

やせ細る低予算映画業界の中で日々あがき、次々と歩みを止める仲間たちを横目に見ながら、あきらめの言葉を飲み込んでは孤独を噛み締めていた私は、同じように劣悪で、さらには政治的抑圧下にもあるような環境下でも、映画への信のもと、自分たちの存在を世界と歴史に見せつけるような作品を一本一本作り上げ、発信していく彼らに嫉妬と共感を覚えた。そして、自国の状況をアメリカやフランスと比べて御託を並べては安酒でお互いの傷口を濯ぎ合う暇があるんだったら、国境を越えた同志たちと手を組んで、自分の表現を世界に問うた方がよほど生産的なのではないのかという当然の帰結に至った。コミュニケーションのための言語など事後的にどうとでもなる。それは今までの人生経験からも分かっている。大事なのは、映画に対する信念を共有することだけだ。以前好きだったミュージシャンがこんなことを歌っていた。「同じ国の違う世代よりも、違う国の同じ世代」。ベルリンでの体験をきっかけに私はこの言葉を生きるようになった。

チャンスは意外なほどすぐに訪れた。その夏、ベルリンで出会ったアジアの映画製作者たちと『5TO9』(15)というアジアを舞台にしたオムニバス映画を撮ることになったのだ。参加したのはタイと中国、シンガポール、そして日本。テーマは「アジアの一夜」。ワールドカップの決勝戦が行われる夜、同じ「アジア」の中でもこれだけ違

『TOURISM』

『TOURISM』シンガポールで撮影中に（左から三番目が宮崎監督）

う文化や環境のもと、人々は暮らし、生きているのだということを見せるための作品だった。ベルリンで「アジア」とひとくくりにされたことに対する抵抗も少しあったのかもしれない。撮影までの打ち合わせは毎回バンコクで行われ、各々の国で撮影が行われたあと、仕上げは今をときめくバンコクのホワイトライト・スタジオで行われた。職業意識は各国バラバラで、映画の中で描かれている以上のカルチャー・ギャップを制作過程で味わうことになったが、もともと私の性格がボヘミアンっぽいこともあってか、これ以降タイの映画人たちとの交流が深まっていった。

二〇一七年には『5TO9』がきっかけで縁が出来たシンガポール国際映画祭から作品制作のオファーを受けた。テーマはおまかせということだったので、日本人のキャストとスタッフを数名連れてシンガポールにわたり、『TOURISM』（18）というロード・ムービーを制作した。はじめて海外で現地のスタッフたちに指示を出し、役者を英語で演出し、「アンド……アクション！」という、ある種憧れていた掛け声を発した。この映画は、これもまた『5TO9』がきっかけで知り合ったマカオの映画制作者たちの手を経て、マカオの旧宗主国であったポルトガルの制作者たちによって仕上げがされ、完成した。東京の郊外にあるこんな小さな町に住む私の作品がリスボンで仕上げられていると思うと、世界がどんどん狭くなっているように思えた。

だが元々我々はそれがどこの国の映画なのかなど問わずに、映画なるものを愛してきたはずである。それがなぜ製作に限って自国にこだわる必要があるのだろうか。今や映画の種は世界中に埋まっている。水を撒くか撒かないかは自分次第なのだ。

コラム 世界を股にかける撮影監督・編集者・サウンドデザイナー 1

［撮影］サヨムプー・ムックディプローム

あらゆる差異のうごめきを許容する

中村紀彦

サヨムプー・ムックディプロームは、あらゆる差異のうごめきを許容するキャメラマンである。ひとやモノや亡霊や精霊にたいして、サヨムプーはキャメラを等しく向けるのだ。彼はクィアな恋愛、あるいは亡霊（ピー）と生者の悲恋さえもやさしく包み捉える。また彼は、炎や廃墟や機械といった「モノ」に主人公たちと同様の存在感を与える。その特徴はアニミズム的感性のもとで駆動している。これは長年タッグを組むアピチャッポン・ウィーラセタクンと共鳴する点だろう。

　サヨムプーは一九七〇年にバンコクで生まれた。モスクワの名門、全ロシア国立映画大学（VGIK）で映画を学んだ。タイ帰国後は話題作『アタック・ナンバーハーフ』（00／ヨンユット・トンコントーン）などを撮影したが、アピチャッポン作品への本格的な参入は『ブリスフリー・ユアーズ』（02）を待たねばならない。彼が本作で捉えたのは、男女の熱情を包み込むアンビエントそのものだった。

　サヨムプーはアピチャッポンの『世紀の光』（06）で国際映画祭の撮影賞に初ノミネートされた。さらにパルムドール受賞作『ブンミおじさんの森』（10）でシークエンスごとに撮り方を変更する斬新な構成や光の緻密な表現を評価された。彼は昼寝の光景や車窓から覗く田舎を驚きに満ちた別世界として、亡霊や猿の精霊やひとの奇異な食事場面を日常的光景として捉えた。この「反転」の魔法に観客は魅了されたのだ。

　ミゲル・ゴメスの大作『アラビアンナイト』（15）、そしてルカ・グァダニーノの『君の名前で僕を呼んで』（17）で、サヨムプーは国際的評価を確立させた。とくに後者において、男性どうしのひと夏の恋愛をやさしく見守るような描写は彼の功績だ。彼は35ミリ単焦点レンズだけで男性ふたりの日常に「親密さ」を与え、肌が触れあい擦れあう生温かい皮膚感覚さえも再現してみせた。最新作の『サスペリア』（18／ルカ・グァダニーノ）でも観客の生理的反応を惹起した。個が波打つ舞踊の群れが細胞うごめく生命体に見えるのも、サヨムプーの「呪術」ならではなのだ。

コラム 世界を股にかける撮影監督・編集者・サウンドデザイナー2

[編集]リー・チャータメーティクン

アート系、エンタメ系でも切れ味鋭いリズムで

石坂健治

アピチャッポン・ウィーラセタクンのカンヌ映画祭パルムドール受賞作『ブンミおじさんの森』(10)によって、編集を担当したリー・チャータメーティクンの名も世に広まることになった。リーの仕事の幅広さはタイ映画の枠を越えるとともに、アート系からエンタテインメントまで巧みな手さばきでハサミを入れ、バンコク郊外に録音編集スタジオを建設して経営者となり、監督業にも乗り出すなど八面六臂、目を見張るものがある。

リーはまずアピチャッポンの諸作を筆頭に、アーティット・アッサラット『ワンダフル・タウン』(08)、アノーチャ・スウィチャーゴーンポン『暗くなるまでには』(16)など、タイのインディーズ映画シーンに伴走する名編集マンとして知られるが、同時にホラー映画『心霊写真』(04)やLGBTものの『ミウの歌』(07)といったエンタテインメント作品でも切れ味鋭いリズムをつくりだす。「アート系は監督の顔を思い浮かべながら、エンタメ系は満員の映画館を思い浮かべながら、編集機と向き合います」とリーは筆者に語ったことがあるが、これぞプロ、言い得て妙である。

リーの腕前に惚れ込んだ各国の映画人、とりわけアジアの若手監督たちが、タイ映画の枠を越えてリーとのコラボを熱望。杉野希妃は監督デビューにあたって『欲動』(14)と『マンガ肉と僕』(14)で続けてリーと組み、シンガポールのブー・ジュンフォン『見習い』(16)、同じくシンガポールのカーステン・タン『ポップ・アイ』(17)といった新鋭監督の注目作でもリーの貢献度は大きい。エドモンド・ヨウ(マレーシア)、藤原敏史らもリーと組んでいる。

そして脚本家・監督としてのリーは『コンクリートの雲』(14)でデビュー。一九九七年のアジア金融危機の最中、ニューヨークの金融業界で働く青年のもとに、バンコクに住む父親が事業に失敗して自殺したとの知らせが届く。タイとアメリカを往還する「経済」と「愛」の物語で、熊井啓か山本薩夫が撮りそうな真っ当な社会派作品に仕上がっていて、なるほど自分で監督するとこうなるのか、と驚きつつ感心した。

コラム 世界を股にかける撮影監督・編集者・サウンドデザイナー 3

［サウンドデザイン］森永泰弘

「音」による世界各地のフィールドワーク

佐々木敦

森永泰弘は、多面的な顔を持ったアーティストである。もともとはダンスを学んでいたが、やがて音楽／音響、とりわけ映像／映画と有機的な関係を結ぶ音の制作・研究へと関心が向かい、メルボルン大学、東京藝術大学を経て、フランスに渡り、ミュージック・コンクレートの作曲家で『映画にとって音とはなにか』『映画の音楽』などの理論的著作もあるミシェル・シオンに師事する。近年は自らレーベルCONCRETEを主宰し、フィールド・レコーディングの手法で収録された、インドネシア、中国、インド、ボルネオ、日本など世界各地の伝統／民俗音楽や祭祀・儀式のサウンドスケープ、同じくフィールド・レコーディングによる歴史的音源、アーカイヴ録音のCDを精力的にリリースする一方、映画や舞台、展示などの音響設計／音楽監督を手掛けるサウンドデザイナーとして国際的に活躍している。また、生楽器奏者を擁するヤスヒロ・モリナガ・アンサンブルを率いてコンサートも行っている。公式HPのプロフィールの肩書きは「音楽家／サウンドアーティスト／録音家」となっている。

筆者は森永の広範かつ多様な活動の全てをカバー出来ているわけではない。それどころか、彼がかつて東京藝大の博士課程に在籍していたときにちょっとした面識があったことを除けば、もっぱら録音物によってそのユニークな作家性に触れてきたに過ぎない。だが、筆者にとって森永という存在が興味深く、かつ好ましく感じられるのは、彼がある時ある場所に響いていた音／楽を「録音する」という行為、そうして得られた音源を「編集する」という行為、そしてそれを「再生する」という行為、これら一連のプロセスそれ自体を創造的な試み／営みとして捉え、明確な責任の意識とともに引き受けてみせているからである。

フィールド・レコーディングはマイクとレコーダーを用いた一種の「作曲」であり、それを聴く／聴かせることは一種の「演奏」でもあるのだということ、フィールド・レコーディングとは「音」によるフィールドワークなのだということを、森永はよくわかっている。

日本における東南アジア映画受容史年表

	主な映画祭および国際交流基金上映会	劇場公開
1982年	10月 国際交流基金映画祭　南アジアの名作をもとめて（通称：南アジア映画祭）	8月 ベトナム『無人の野』グエン・ホン・セン（80）
1985年	5月 第1回 TIFF 開催（～1990年以前は隔年開催、1991年以降は毎年開催）	
1987年	7月 第1回福岡アジア映画祭（以降、毎年開催）	
1988年	12月 アセアン映画週間	
1989年	10月 第1回山形国際ドキュメンタリー映画祭（以降、隔年開催）	
1990年	3月 基金 東南アジア映画シリーズ①　タイ映画祭―1970年代～80年代の息吹き 9月～10月 基金 東南アジア映画シリーズ②　マレイシア映画週間―P・ラムリーから現在まで	8月 インドネシア『チュッ・ニャ・ディン』エロス・ジャロット（88）
1991年	5月～6月 基金 アジア映画講座①　土曜映画講座 7月～8月 基金 東南アジア映画シリーズ③　フィリピン映画祭―巨匠たちの饗宴 9月 第1回アジアフォーカス・福岡国際映画祭（以降、毎年開催） 11月 基金 アジア映画講座②　4人の映画監督との対話	
1992年	3月～4月 基金 アジア映画講座③　南からの衝撃 9月～11月 基金 東南アジア映画祭	
1993年	11月～1994年2月 基金 インドネシア映画祭―女優クリスティン・ハキムと仲間たち	2月 タイ『アナザー・ワールド』チャード・ソンスィー（90） 3月 『サザンウィンズ』（日本、インドネシア、フィリピン、タイ）スラメット・ラハルジョ・ジャロット、マイク・デ・レオン、チャード・ソンスィー、鴻上尚史（93）

※国際交流基金の催しはある程度の規模のある上映会をピックアップしている。
※劇場公開作品は、日本で配給がついた作品に限っている（映画祭上映作品や特集上映での限定上映は除く）。
※TIFF＝東京国際映画祭、基金＝国際交流基金、ASIAcenter＝国際交流基金アジアセンター
TIFF×ASIAcenter CROSSCUT ASIA＝東京国際映画祭・国際交流基金アジアセンターpresents CROSSCUT ASIA

	主な映画祭および国際交流基金上映会	劇場公開
1994年	7月 基金 アジア映画監督シリーズ① キドラット・タヒミック特集	7月 フィリピン『虹のアルバム』キドラット・タヒミック(94) 8月 『青いパパイヤの香り』(フランス、ベトナム)トラン・アン・ユン(93)
1995年	6月 基金 アジア映画監督シリーズ② スラメット・ラハルジョ・ジャロット特集(インドネシア) 7月 基金 アジア映画監督シリーズ③ リノ・ブロッカ映画祭(前期) 8月 基金 アジア映画史発掘シリーズ① ヘラルド・デ・レオン監督を巡って―シンポジウムと参考上映『あの旗を撃て』『ノリ・メ・タンヘレ』 12月 第1回NHKアジア・フィルム・フェスティバル(以降、2011年まで12回開催)	7月 インドネシア『青空がぼくの家』スラメット・ラハルジョ・ジャロット(89) 9月 タイ『ムアンとリット』チャード・ソンスィー(94)
1996年		6月 フィリピン『真夜中のダンサー』メル・チョンロー(94) 8月 『シクロ』(フランス、香港、ベトナム)トラン・アン・ユン(95) 11月 フィリピン『悪夢の香り』(77)『竹寺モナムール』(89)『フィリピンふんどし日本の夏』(96)キドラット・タヒミック
1997年	3月 基金 フィリピン映画百花繚乱!/アジア映画監督シリーズ⑥ リノ・ブロッカ映画祭(後期)/アジア映画講座⑦ フィリピン映画の新しい波	
1999年	6月 基金 アジア映画監督シリーズ⑧ 『枕の上の葉』公開記念 ガリン・ヌグロホ特集～女優クリスティン・ハキムとともに～	7月 インドネシア『枕の上の葉』ガリン・ヌグロホ(98)
2000年	12月 第1回東京フィルメックス(以降、毎年11月開催)	12月 タイ『6IXTYNIN9 シックスティナイン』ペンエーグ・ラッタナルアーン(99)
2001年		2月 タイ『デッド・アウェイ バンコク大捜査線』チャルーム・ウォンピム(99) 4月 タイ『アタック・ナンバーハーフ』ヨンユット・トンコントーン(00)

年	月	事項	月	公開作品
			5月	タイ『ナンナーク』ノンスィー・ニミブット(99)
			7月	『夏至』(フランス、ベトナム)トラン・アン・ユン(00)
			11月	タイ『少年義勇兵』ユッタナー・ムクダーサニット(00)
			12月	フィリピン『ホセ・リサール』マリルー・ディアス=アバヤ(98)
2002年			1月	タイ『レイン』オキサイド・パン、ダニー・パン(00)
			7月	タイ『快盗ブラック・タイガー』ウィシット・サーサナティヤン(00)
			12月	タイ『わすれな歌』ペンエーグ・ラッタナルアーン(02)
2003年	9月	基金 アジア映画シリーズ⑪ タイ映画祭2003	3月	タイ『the EYE【アイ】』オキサイド・パン、ダニー・パン(02)
	12月	基金 東南アジア映画祭2003	4月	フィリピン『母と娘』ロリー・B・キントス(00)
			5月	タイ『ジャンダラ』ノンスィー・ニミブット(01)
2004年			3月	タイ『ONE TAKE ONLY ワン・テイク・オンリー』オキサイド・パン(01)
			4月	タイ『アタック・ナンバーハーフ2 全員集合!』ヨンユット・トンコントーン(02)
			6月	『テッセラクト』(イギリス=タイ=日本)オキサイド・パン(03)
			7月	タイ『マッハ!』プラッチャヤー・ピンゲーオ(03)/『地球で最後のふたり』ペンエーグ・ラッタナルアーン(03)
			8月	『コウノトリの歌』(ベトナム、シンガポール)ジョナサン・フー、グエン・ファン・クアン・ピン(01)
2005年	3月	第1回大阪アジアン映画祭(以降、毎年開催)	3月	タイ『フェーンチャン ぼくの恋人』コムグリット・トゥリーウィモン、ウィッタヤー・トーンユーン、ソンヨット・スックマークアナン、ニティワット・タラートーン、アディソーン・トゥリーシリカセーム、ウィッチャヤー・ゴージウ(03)/インドネシア『ビューティフル・デイズ』ルディ・スジャルウォ(04)
	11月	基金 アジア映画監督シリーズ⑩ タイの新星 アピチャートポン・ウィーラセータクン	10月	タイ『ビューティフル・ボーイ』エカチャイ・ウアクロンタム(03)/『デッドライン』タニット・チッタヌクン(04)
			11月	タイ『ダブルマックス』ペットターイ・ウォンカムラオ(04)
			12月	タイ『バトル7』チャルーム・ウォンピム(02)/『風の前奏曲』イッティスーントーン・ウィチャイラック(04)/『七人のマッハ!!!!!!!』プラッチャヤー・ピンゲーオ(04)

	主な映画祭および国際交流基金上映会	劇場公開
2006年	10月 第19回 TIFF アジアの風部門・基金 共催 マレーシア映画新潮	4月 タイ『トカゲ女』マーノップ・ウドムデート(04)/『トム・ヤム・クン!』プラッチャヤー・ピンゲーオ(05) 5月 タイ『心霊写真』パークプム・ウォンプム、バンジョン・ピサンタナクーン(04) 6月 タイ『アフロサッカー』ソムチン・スィースパープ(04)/『ブラックナイト』(香港=日本=タイ) パトリック・レオン、秋山貴彦、タニット・チッタヌクン(06)
2007年	7月 基金 映画講座2007―1 ヤスミン・アハマドとマレーシア映画新潮	1月『アート・オブ・トイピアノ マーガレット・レン・タンの世界』(アメリカ、シンガポール、香港) エヴァンス・チャン(04) 5月 シンガポール『メイド冥土』ケルヴィン・トン(05)/『インビジブル・ウェーブ』(タイ・オランダ・香港・韓国) ペンエーグ・ラッタナルアーン(06) 6月 タイ『レベル・サーティーン』マシュー・チューキアット・サックヴィ(06)/『リサイクル 死界』(タイ、香港) オキサイド・パン、ダニー・パン(06) 7月 ベトナム『モン族の少女 パオの物語』ゴー・クアン・ハイ(06) 10月 タイ『レター 僕を忘れないで』パウーン・チャンタラシリ(04)/『ロケットマン!』チャルーム・ウォンピム(06)
2008年		5月 タイ『シチズン・ドッグ』ウィシット・サーサナティヤン(04)/『デック 子ども達は海を見る』ニサ・コンスリ、コポップ・アリヤー・チュムサイ(05)/『メモリー 君といた場所』ヘーマン・チェータミー(06)/『ヌーヒン バンコクへ行く』コムグリット・ドゥリーウィモン(06)/『ミー・マイセルフ私の彼の秘密』ポンパット・ワチラバンジョン(07)/『アルティメット・エージェント』ペットターイ・ウォンカムラオ(07)/『キング・ナレスワン序章 アユタヤの若き英雄誕生』チャートリーチャルーム・ユコーン(07)/『キング・ナレスワン アユタヤの勝利と栄光』チャートリーチャルーム・ユコーン(07)/『セルラー・シンドローム』パークプーム・ウォンチンダー(07)

2009年

9月 Sintok シンガポール映画祭

6月 **タイ**『マーキュリーマン』バンデッド・ソンディ(06)
8月 **シンガポール**『881 歌え！パパイヤ』ロイストン・タン(07)
5月 **タイ**『チョコレート・ファイター』プラッチャヤー・ピンゲーオ(08)
6月 **タイ**『ミウの歌～Love of Siam～』チューキアット・サックウィラクン(07)／『アイ・カム・ウィズ・ザ・レイン』(フランス)トラン・アン・ユン(09)

2010年

1月 **タイ**『マッハ！弐』トニー・ジャー、パンナー・リットグライ(08)

2011年

10月 第24回 **TIFF** アジアの風部門フィリピン最前線～シネマラヤの熱い風

3月『ブンミおじさんの森』(イギリス、タイ、フランス、ドイツ、スペイン)アピチャッポン・ウィーラセタクン(10)
8月 **フィリピン**『キナタイ マニラ・アンダーグラウンド』ブリランテ・メンドーサ(09)
11月『マジック&ロス』(マレーシア、香港、中国、フランス、アメリカ)リム・カーワイ(11)

2012年

5月 Sintok シンガポール映画祭
10月 第25回 **TIFF** アジアの風部門インドネシア・エクスプレス

10月 **インドネシア**『ザ・レイド』ギャレス・エヴァンス(11)

2013年

1月 **タイ**『チョコレート・ガールバッド・アス!!』ペットターイ・ウォンカムラオ(12)
2月 **タイ**『ゴースト・フライト407便』イサラ・ナーディー(12)
7月『囚われ人 パラワン島観光客21人誘拐事件』(フランス、フィリピン、ドイツ、イギリス)ブリランテ・メンドーサ(12)
12月『ヴァイキングダム』(アメリカ、マレーシア)ユースリー・アブドゥル・ハリム(13)／『Fly Me to Minami～恋するミナミ』(日本、シンガポール)リム・カーワイ(13)

2014年

2月『KILLERS／キラーズ』(インドネシア、日本)ティモ・ジャイアント、キモ・スタンボエル(13)
3月 **シンガポール**『シネマパラダイス★ピョンヤン』ジェイムス・ロン、リン・リー(12)

	主な映画祭および国際交流基金上映会	劇場公開
2014年	10月 第27回 TIFF × ASIAcenter CROSSCUT ASIA #01 魅惑のタイ	4月 『アクト・オブ・キリング』（デンマーク、インドネシア、ノルウェー、イギリス）ジョシュア・オッペンハイマー (12) 7月 『消えた画　クメール・ルージュの真実』（カンボジア、フランス）リティ・パン (13) 8月 カンボジア 『おばあちゃんが伝えたかったこと　カンボジア・トゥノル・ロ村の物語』エラ・プリーセ (11) 10月 タイ 『愛しのゴースト』バンジョン・ピサンタナクーン (13) 11月 インドネシア 『ザ・レイド GOKUDO』ギャレス・エヴァンス (13) シンガポール 『TATSUMI　マンガに革命を起こした男』エリック・クー (10) 12月 シンガポール 『イロイロ　ぬくもりの記憶』アンソニー・チェン (13)
2015年	4月 ASIAcenter マレーシア映画ウィーク 10月 第28回 TIFF × ASIAcenter CROSSCUT ASIA #02 熱風！フィリピン	2月 タイ 『マッハ！無限大』プラッチャヤー・ピンゲーオ (13) 5月 タイ 『ザ・ヴェンジェンス』パンナー・リットグライ (14) 7月 『ルック・オブ・サイレンス』（デンマーク、インドネシア、ノルウェー、フィンランド、イギリス）ジョシュア・オッペンハイマー (14)
2016年	9月 爆音映画祭2016 特集タイ｜イサーン 10月 第29回 TIFF × ASIAcenter CROSSCUT ASIA #03 カラフル！インドネシア	1月 『世紀の光』（タイ、フランス、オーストリア）アピチャッポン・ウィーラセタクン (06) 3月 『光りの墓』（タイ、イギリス、フランス、ドイツ、マレーシア）アピチャッポン・ウィーラセタクン (15) 4月 タイ 『アタック・ナンバーハーフ・デラックス』ヨンユット・トンコントーン (14) 5月 タイ 『すれ違いのダイアリーズ』ニティワット・タラトーン (14) 6月 インドネシア 『鏡は嘘をつかない』カミラ・アンディニ (11) 7月 カンボジア 『シアター・プノンペン』ソト・クォーリーカー (14) ベトナム 『ベトナムの怪しい彼女』ファン・ザー・ニャット・リン (15)
2017年	1月 ASIAcenter CROSSCUT ASIA 提携企画 カラフル！インドネシア2	1月 『壊れた心』（フィリピン、ドイツ）ケヴィン・デ・ラ・クルス (14) 2月 『バンコクナイツ』（日本、フランス、タイ、ラオス）富田克也 (16)

2017年（前頁より）

- 3月 ASIAcenter FUN! FUN! ASIAN CINEMA ブルネイ映画『ドラゴン・ガール』上映会&トーク
- 8月 ASIAcenter FUN! FUN! ASIAN CINEMA サンシャワー：東南アジアの現代美術展 関連上映会
- 9月〜 ASIAcenter FUN! FUN! ASIAN CINEMA 「ときめく東南アジアのヒロイン映画」特集
- 10月 第30回 TIFF × ASIAcenter CROSSCUT ASIA #04 ネクスト！東南アジア

- 3月 マレーシア『タレンタイム〜優しい歌』ヤスミン・アフマド(09)／『逆行』(カナダ=ラオス)ジェイミー・M・ダグ(15)／『ヘッド・ショット』(インドネシア、日本、シンガポール)ティモ・ジャイアント、キモ・スタンボエル(16)
- 6月 『ラオス 竜の奇跡』(日本、ラオス)熊澤誓人(16)
- 7月 ベトナム『サイゴン・ボディガード』落合賢(16)／フィリピン『ローサは密告された』ブリランテ・メンドーサ(16)／『ダイ・ビューティフル』ジュン・ロブレス・ラナ(16)
- 8月 ベトナム『草原に黄色い花を見つける』ヴィクター・ヴー(15)
- 10月 フィリピン『立ち去った女』ラヴ・ディアス(16)

2018年

- 2月 ASIAcenter CROSSCUT ASIA 提携企画 東南アジア、巨匠から新鋭まで
- 2月 爆音映画祭2018 特集タイ｜イサーン Vol.2
- 7月 ASIAcenter FUN! FUN! ASIAN CINEMA『Dearest Sister』上映会&トーク
- 9月〜12月 ベトナム映画祭2018
- 10月 第31回 TIFF × ASIAcenter CROSSCUT ASIA #05 ラララ♪東南アジア

- 6月 『5TO9』(シンガポール、日本、中国、タイ)宮崎大祐、テイ・ビーピン、ヴィンセント・ドゥ、ラシゲット・ソッカーン(15)
- 8月 『ポップ・アイ』(シンガポール、タイ)カーステン・タン(17)
- 9月 タイ『バッド・ジーニアス 危険な天才たち』ナタウット・プーンピリヤ(17)
- 10月 『アジア三面鏡2016：リフレクションズ』(日本)ブリランテ・メンドーサ、行定勲、ソト・クォーリーカー(16)
- 11月 『アジア三面鏡2018：Journey』(日本)デグナー、松永大司、エドウィン(18)／『どこでもない、ここしかない』(スロヴェニア、マケドニア、マレーシア、日本)リム・カーワイ(18)

2019年

- 1月 ASIAcenter CROSSCUT ASIA 提携企画 ラララ♪東南アジア［クラシックス］
- 1月 爆音映画祭2019 特集タイ｜イサーン Vol.3
- 7月 ASIAcenter 響きあうアジア2019「東南アジア映画の巨匠たち」
- 10月 第32回 TIFF × ASIAcenter CROSSCUT ASIA #06 ファンタスティック東南アジア(予定)

- 1月 フィリピン『500年の航海』キドラット・タヒミック(17)
- 3月 ベトナム『漂うがごとく』ブイ・タク・チュエン(09)／『ベトナムを懐う』グエン・クアン・ズン(17)／『家族のレシピ』(シンガポール、日本、フランス)エリック・クー(18)
- 5月 『マルリナの明日』(インドネシア、フランス、マレーシア、タイ)モーリー・スリヤ(17)
- 7月 『TOURISM』(シンガポール、日本)宮崎大祐(18)
- 12月 ベトナム『サイゴン・クチュール』チャン・ビュー・ロック、グエン・ケイ(17)

ここで観られる！ 東南アジア映画 映画祭紹介

東京国際映画祭（TIFF）

主催：公益財団法人ユニジャパン
共催：国際交流基金アジアセンター（アジア映画交流事業） 他
開催地：東京都区内
第1回開催：1985年
開催頻度：毎年
開催時期：10月～11月

国際映画製作者連盟公認のアジア有数の映画祭。「CROSSCUT ASIA」部門では、国、監督、テーマなど様々な切り口のもと東南アジア映画を上映。「アジアの未来」部門では、アジアの新人・新鋭監督によるコンペティションが行われる。

アジアフォーカス・福岡国際映画祭（FIFF）

主催：アジアフォーカス・福岡国際映画祭実行委員会／福岡市
共催：国際交流基金アジアセンター
開催地：福岡県福岡市
第1回開催：1991年
開催頻度：毎年
開催時期：9月

アジアの拠点都市として福岡から優れたアジア映画を発信することを目的とした映画祭。最新のアジア映画が多数上映される。

東京フィルメックス（TOKYO FILMeX）

主催：特定非営利活動法人東京フィルメックス実行委員会
開催地：東京都区内
第1回開催：2000年
開催頻度：毎年
開催時期：11月

アジアを中心とした世界から独創的な作品を集めた映画祭。上映関連事業として、タレンツ・トーキョーなどアジアの新進作家を育成する事業も実施される。

山形国際ドキュメンタリー映画祭（YIDFF）

主催：認定NPO法人山形国際ドキュメンタリー映画祭
開催地：山形県山形市
第1回開催：1989年
開催頻度：隔年
開催時期：10月

アジア初の国際ドキュメンタリー映画祭。「アジア千波万波」部門ではアジアに特化し、新進ドキュメンタリー作家の作品が紹介される。

大阪アジアン映画祭（OAFF）

主催：大阪映像文化振興事業実行委員会
開催地：大阪府大阪市
第1回開催：2005年
開催頻度：毎年
開催時期：3月

「アジア映画のゲイトウェイ大阪」を目指した映画祭。エンタテインメント性の高い映画も含めバラエティ豊かな作品が上映される。

この他、「ぎふアジア映画祭」（岐阜県岐阜市）、「福岡アジア映画祭」（福岡県福岡市）、「イスラーム映画祭」（東京都区内、名古屋、神戸）などでも東南アジア映画が上映されている。

※開催回数順。
※情報は2019年4月時点のものであり、近年の開催内容を基に記載。また、主催以外の関係機関は適宜省略している。

執筆者紹介（五十音順）

【編・執筆】

石坂健治（いしざか・けんじ）

一九六〇年東京都生まれ。早稲田大学大学院で映画学を専攻。国際交流基金専門員を経て、東京国際映画祭アジア部門プログラミング・ディレクター／日本映画大学教授。共著『アジア映画の森　新世紀の映画地図』（作品社）、『ドキュメンタリーの海へ　記録映画作家・土本典昭との対話』（現代書館）など。「アジア三面鏡」シリーズの製作に参加。

夏目深雪（なつめ・みゆき）

批評家・編集者。『ユリイカ』や映画パンフなどに寄稿。アプリ版「ぴあ」で「水先案内人」連載中。共編書に『アジア映画の森』『アジア映画で〈世界〉を見る』（ともに作品社）、『インド映画完全ガイド』（世界文化社）、『アピチャッポン・ウィーラセタクン』（フィルムアート社）、『激闘！アジアン・アクション映画大進撃』（洋泉社）ほか。

【執筆】

相澤虎之助（あいざわ・とらのすけ）

脚本家・監督。空族に所属。『サウダーヂ』（11）、『バンコクナイツ』（16）と、富田克也監督作品の共同脚本を務める。監督作に、『バビロン2 THE OZAWA』（12）など。瀬々敬久監督と共同脚本を務めた『菊とギロチン』（18）で、第92回キネマ旬報ベスト・テン日本映画脚本賞を受賞。

市山尚三（いちやま・しょうぞう）

一九六三年、山口県に生まれる。一九八七年に松竹に入社し、プロデューサーとして活動。主な作品に竹中直人監督『無能の人』（91）、ホウ・シャオシェン監督『フラワーズ・オブ・シャンハイ』（98）、ジャ・ジャンクー監督『罪の手ざわり』（13）、ＳＡＢＵ監督『ミスター・ロン』（17）等がある。また、二〇〇〇年に映画祭「東京フィルメックス」を立ち上げ、ディレクターを務めている。

宇田川幸洋（うだがわ・こうよう）

一九五〇年東京都生まれ。映画評論家。著書に『無限地帯 From Shirley Temple to Shaolin Temple』（ワイズ出版）、共著書に『キン・フー武侠電影作法』（草思社）など。映画監督作として『おろち』（78／ぴあフィルムフェスティバル入選）がある。

浦川留（うらかわ・とめ）

香港映画との出会いをきっかけにアジア映画の沼にはまる。著書に『香港アクション風雲録』（キネマ旬報社）、『武侠映画の快楽』（三修社／共著）、『激闘！アジアン・アクション映画大進撃』（洋泉社／共著）など。訳書に『ドニー・イェン　アクション・ブック』（キネマ旬報社）、九月名義での訳書に『北京故事　藍宇』（講談社）、『荊軻』（同）など。

大寺眞輔（おおでら・しんすけ）

映画批評家、早稲田大学・日芸映画学科講師、IndieTokyo (http://indietokyo.com/) 主宰、新文芸坐シネマテーク、字幕翻訳など。海外映画を買い付け映画作家を招いた自主上映活動も行う。ジョアン・ペドロ・ロドリゲス作品やリヴェット『アウト・ワン』などを日本で上映した。主著は「現代映画講義」（青土社）、「黒沢清の映画術」（新潮社）。

金子遊（かねこ・ゆう）

一九七四年生まれ。批評家、映像作家。多摩美術大学准教授。著書に『映像の境域』（森話社／サントリー学芸賞〈芸術・文学部門〉受賞）、『ドキュメンタリー映画術』（論創社）、『悦楽のクリティシズム』（論創社）など。映画監督作として『ベオグラード１９９９』（09）、『ムネオイズム～愛と狂騒の13日間～』（12）など。

坂川直也（さかがわ・なおや）

東南アジア地域研究者。京都大学大学院アジア・アフリカ地域研究研究科研究指導認定退学。ベトナムを中心に東南アジアの映画史を研究している。大阪大学非常勤講師、京都大学東南アジア地域研究研究所連携研究員。共著に『東南アジアのポピュラーカルチャー』『映画秘宝ＥＸ　激闘！アジアン・アクション映画大進撃』他。

佐々木敦（ささき・あつし）

批評家。ＨＥＡＤＺ主宰。芸術文化の諸分野を貫通する批評活動を行なっている。著書多数。最新刊は『アートートロジー』（フィルムアート社）。

田中千世子（たなか・ちせこ）

映画評論家として「キネマ旬報」などに寄稿。映画監督として『能楽師』（03）、『みやび 三島由紀夫』（05）、「熊野から」シリーズ三部作（14〜18）などを発表。カンヌ、ヴェネチアで国際映画批評家連盟賞の審査員を歴任。二〇〇五〜〇六年には東京国際映画祭コンペ部門プログラミング・ディレクターをつとめた。

中村紀彦（なかむら・のりひこ）

一九九一年生まれ。映像／アピチャッポン・ウィーラセタクン研究。神戸大学大学院人文学研究科博士後期課程に在籍中。論文に「反転する「場」から観者の亡霊化へ──アピチャッポン《ナブアの亡霊》をめぐって」（『美学』二五三号、二〇一八年）、共著に『アピチャッポン・ウィーラセタクン 光と記憶のアーティスト』（フィルムアート社、二〇一六年）など。

平松秀樹（ひらまつ・ひでき）

京都大学東南アジア地域研究研究所・連携准教授。京都大学文学部卒、チュラーロンコーン大学大学院比較文学科修士課程修了、博士（文学、大阪大学）。タイ国仏教教理三級国家試験（ナックタム・トゥリー）合格。国際交流基金アジア・フェローシップによるフィルムアーカイブでの調査等を元にして、現在タイ映画一〇〇年を総括する研究を行っている。

福岡まどか（ふくおか・まどか）

民族音楽学、文化人類学、地域研究（インドネシア）。インドネシアの舞踊、音楽、演劇などを中心に東南アジア芸能の研究に従事。大阪大学大学院人間科学研究科教授。

藤本徹（ふじもと・とおる）

東京藝術大学美術学部卒業、同大学院美術研究科中退。公立美術館勤務（非常勤）、東日本震災ボランティアを経て二〇一三年バンコクへ移住。在タイ日本人向け古書店主などの傍らキリスト新聞他へ寄稿開始。現在は東京との半住生活にて最新映画評、教会建築連載、海外取材、書評等を継続中。Twitter: @pherim

松下由美（まつした・ゆみ）

日本と東南アジア、ドイツで育ち学ぶ。Sintok シンガポール映画祭を二度主催。『99分、世界美味めぐり』（14）のラインプロデューサーほか映画製作に関わる。映画祭の作品選考、司会や通訳を行う。映画を通してジェンダーやマイノリティ、社会の課題を考える講義を担当。他に扱うテーマは多様な家族のあり方や多言語教育。Twitter: @MatsushitaYumi

宮崎大祐（みやざき・だいすけ）

映画監督。フリーの助監督を経て、二〇一二年に『夜が終わる場所』でデビュー。監督作には『5TO9』（15）、『大和（カリフォルニア）』（16）、『TOURISM』（18）等がある。新作『VIDEOPHOBIA』と『北新宿２０５５』が公開待機中。

山本博之（やまもと・ひろゆき）

京都大学東南アジア地域研究研究所准教授。専門は東南アジアの現代史・メディア研究。著書に『マレーシア映画の母──ヤスミン・アフマドの世界』（英明企画編集、二〇一九年七月）、共編著に *Film in Contemporary Southeast Asia: Cultural Interpretation and Social Intervention* (Routledge, 2012) がある。混成アジア映画研究会主宰。

吉田孝行（よしだ・たかゆき）

映像作家、映像研究者。映画とアートを横断する映像作品を制作、世界各地の映画祭や展覧会で作品を発表している。代表作に『ぽんぽこマウンテン』（16）、『タッチストーン』（17）、『アルテの夏』（19）など。共著に『アメリカン・アヴァンガルド・ムーヴィ』（森話社、二〇一六年）など。

【編集協力】

国際交流基金アジアセンター

独立行政法人国際交流基金は、全世界を対象に総合的に国際文化交流事業を実施する日本で唯一の専門機関。アジアセンターは二〇一四年四月に設置され、様々な分野でＡＳＥＡＮ諸国を中心としたアジアとの双方向の交流事業を実施・支援している。映画分野では東京国際映画祭での特集上映・国際的な映画製作や、アジアの映画制作者・学生の交流事業などを行っている。

編集:夏目深雪、志賀信夫

協力者一覧
[スチル提供]
シネマトリックス
パンドラ
宮崎大祐
ムービー・アクト・プロジェクト
[協力]
公益財団法人ユニジャパン(東京国際映画祭)
PARC−国際舞台芸術交流センター
トモ・スズキ・ジャパン

躍動する東南アジア映画
~多文化・越境・連帯~

2019年6月20日 初版第1刷印刷
2019年7月5日 初版第1刷発行

編著者 石坂健治、夏目深雪
編集協力 国際交流基金アジアセンター
発行人 森下紀夫
発行所 論創社
〒101-0051 東京都千代田区神田神保町2-23 北井ビル2F
TEL:03-3264-5254 FAX:03-3264-5232 振替口座00160-1-155266

デザイン/村松道代
印刷・製本/中央精版印刷
ISBN978-4-8460-1847-4